역사적 예수에 대한 새로운 탐구

A New Quest of the Historical Jesus
and Other Essays

역사적 예수에 대한 새로운 탐구

제임스 M. 로빈슨 지음

소기천 옮김

살림

| 차 례 |

역자 서문

제임스 M. 로빈슨은 스위스 바젤에서 칼 바르트에게서 조직신학으로 박사학위를 받았고, 독일에 가서 신약학의 거장인 불트만의 지도를 받은 후에, 곧 바로 미국으로 건너가 프린스턴에서 신약학으로 또 다시 박사학위를 받았다. 이 점에서 그의 사상은 아주 신학적인 동시에 성서적이다. 그가 조직신학에 남긴 공헌은 지금도 신조어인 '새로운 해석학(New Hermeneutic)'이라는 기념비적인 도서로 학자들 사이에 회자되고 있다. 이번에 필자가 번역한 본고도 그의 탁월한 성서신학적 안목이 만들어낸 신조어인 '새로운 탐구(New Quest)'를 세계 모든 학자들의 입에서 여전히 오르내리게 한다.

현재 한국 출판계에는 역사적 예수 연구에 관한 서적이 많이 범람하고 있다. 하지만 정작에 그 모든 연구의 물고를 튼 로빈슨의 저작이 번역이 되지 않아서 적지 않은 혼란이 야기되었다. 한마디로 말하지만, 본서는 슈바이처 이전과 이후에 복음서에서 예수의 역사성을 찾을 수 없다고 단언한 자유주의 학자들의 역사적 예수 연구의 허구성을 고발하고 있는 책이다. 지금도 예수의 역사성을 부인하고 왜곡하는 많은 역사적 예수 연구서들이 교회의 신앙을 뒤흔들고 있는 상황에서, 때 늦은 감이 있지만 본서가 출간하게 된 것을 뜻을 같이 한 모든 분들과 더불어 기뻐한다.

본서를 통하여 로빈슨은 네 복음서에 역사적 예수의 숨결이 살아 있고 그의 육성을 들을 수 있을 뿐만 아니라, 예수의 생애와 교훈에 관한 실질적인 가르침을 얻을 수 있다는 사실을 독자들에게 차분히 일깨워 주고 있다. 이러한 구체적인 예수에 관한 그의 지적은 점점 예수의 모습을 추상적으로 혹은 이념적인 차원에서만 관심을 가지려는 불신앙적인 학계에도 신선한 도전을 줄 것이다. 본서는 후에 신약학에서 복음서 연구에 피할 수 없는 뜨거운 감자인 예수말씀 복음서 Q 연구에 지대한 영향을 미쳤다. "미치지 않으면 미치지 않는다"는 말이 있는 것처럼, 예수 연구에 미친 그의 연구는 학계에 오랜 숙원이던 Q 복음서의 복원을 마무리하는 엄청난 열매를 맺었다.

오늘 얼마나 많은 사람들이 예수의 이름을 입술로만 부르고 있는가? 본서는 예수의 육성을 직접 귀로 듣고 가슴으로 그를 느끼고 더 나아가서 몸으로 그가 몸소 보이신 삶을 따를 것을 요청하고 있다. 이 책이 좀더 많은 독자들에게 쉽고 친근하게 다가가기 위해서 원서에 있는 전문적인 각주와 각종 색인들을 번역하지 않았다. 그리고 로빈슨 교수가 한국어판의 출간에 맞추어 한국어판 서문을 써 보내 주셨다. 이 모든 것은 한국 독자들이 누릴 수 있는 특별한 축복이라고 여긴다. 이 귀한 책을 번역하는 데 많은 도움을 준 친구 이세훈 목사와 제자 박일서 전도사에게 깊이 감사를 드린다. 더구나 어려운 출판 여건 속에서도 이 기념비적인 책을 출판해 주신 살림출판사 관계자 여러분들에게 깊은 감사를 드린다.

2008년 4월
광나루 언덕에 봄비가 내리는 날에
역자 소기천

한국어판 서문

나는 어떻게 예수를 이해해야 하는지에 관한 나의 초기 연구서인 본서를 제자인 소기천 박사가 번역해 준 것을 기쁘게 생각한다. 현재 내가 설립한 "국제 Q 프로젝트"의 회원이기도 한 소 박사가 클레어먼트 대학교에서 내 지도를 받아서 완성한 학위 논문은 내가 평생 동안 연구해 온 예수 연구의 마지막 단계에서 한 부분을 담당하였다. 이 프로젝트는 마태복음과 누가복음이 사용한 예수말씀 어록을 복원하였는데, 그 어록은 수세기 동안 세인들의 시야에서 벗어났다가 재발견된 것으로, 마태복음과 누가복음 안에 계속 간직되어 온 것이다. 소 박사의 학위 논문("예수의 안식일 논쟁: 유대 율법과 이방인 선교에 관한 연구")도 그 예수말씀 어록을 복원하는 데 한 역할을 하였다. 또한 2년 전인 2006년 5월에 소 박사의 초청으로 우리 부부가 한국을 방문하였을 때, 장로회신학대학과 동안교회에서 특강을 한 것과 기독교 TV에 출연한 것은 내가 누린 커다란 특권이었다.

본서는 내가 제2차 세계대전 직후에 출판한 적은 분량의 책으로부터 시작되었다. 그때는, 교회의 메시지인 케리그마를 선호하면서 정작 예수 자신의 메시지를 무시하였던 독일 신학계의 학문 풍토가 한 세대에 걸쳐서 진행된 이후로, 케제만과 보른캄의 주도로 예수에 관한 연구로 다시 눈을 돌리던 시대였다. 이 책은 예수에 관해 알 수 있는 것들을 역사적으로 확정해야만 한다는 사실을 인식하였다. 만일 그렇지 않으면 예수는 완전한 인간으로 인식될 수 없고, 따라서 현대 교회가 초기 교회에 등장한 '가현설' 이단의 주장과 비슷한 주장을 똑같이 되풀이할 수 있기 때문이었다.

본서는 또한 한 세기 전에 슈바이처에 의해 출판된 유명한 책인 『역사적 예수 탐구』가 옹호하는 예수에 관한 묵시적 해석에 관한 연구 논문도 포함하고 있다. 나는 그 고전적인 책의 재판을 독일어와 영어로 출간할 때, 서문을 쓰라는 초청을 받는 영예를 누렸다. 나는 그 책의 서문에서 역사적 예수의 탐구에 관한 19세기의 역사를 슈바이처가 어떻게 왜곡하였는지를 보여 주었다. 슈바이처는 예수에 대한 자신의 묵시적 견해만이 유일한 논리적 결과라는 잘못된 인상을 주는 방식으로 자신의 연구를 진행하였다. 바로 슈바이처의 열광적인 예수가 20세기 전반부 독일 신학계를 이끌어 더욱 친숙하고 용인할 만한 바울의 복음만을 선호하고 예수에 관한 관심을 폐기하는 결과를 낳았다.

그러나 20세기 후반부에 학계가 예수의 가르침에 관한 새로운 안목을 지니게 되었을 때, 역사적 예수 탐구에 관한 갱신이 가능하게 되었다. 예수가 직접 한 말씀의 모음집에 담긴 예수말씀을 재발견한 학자들은 교회의 유대 그리스도인 분파가 그 말씀을 헬라어로 번역하여 전달했다는 사실도 깨닫게 되었다. 그리고 곧 사람들은 예수가 말씀한 메시지의 초점이 하나님의 다스리심, 곧 지금 일어나고 있고 지금 여기서 활동하는 하나님의 나라에 관한 것이라는 사실을 발견하였다.

이어서 예수에 관한 연구의 초점은 아주 자연스럽게 예수의 비유에 맞추어졌다. 예수의 비유는 전통적으로 이해되어 온 바와 같이 체계화된 신학적 교리로 의도된 것이 아님이 밝혀졌다. 오히려 예수는 병을 고치고 귀신을 쫓아낸 자신의 행위들도 그렇게 이해한 것처럼, 비유들을 '하나님 사건(God happening)'으로 이해하였다. 이는 본서의 마지막 논문 "하나님 사건으로서의 예수의 비유"가 초점을 맞추는 지점이다. 독자들이 오늘의 삶 속에서 활동하시는 하나님을 체험하게 하는 데 본서가 작으나마 일익을 담당하기를 바란다.

2008년 4월 23일

제임스 M. 로빈슨

I am delighted that my former student Ky-Chun So has translated this volume containing my early research on how to understand Jesus. For the doctoral dissertation of Dr. Ky-Chun So, under my guidance at Claremont Graduate University, was part of the final phase of my lifelong study of Jesus. Indeed, he became a member of the International Q Project that I organized. This project reconstructed the collection of Jesus' sayings used by Matthew and Luke, but then lost from sight over the centuries, until rediscovered, still embedded in Matthew and Luke. Indeed his dissertation was part of that reconstruction itself: "Sabbath Controversy of Jesus: between Jewish Law and the Gentile Mission." It was a high privilege for me to be able to be Prof. Ky-Chun So's guest in Korea for a week of lectures at his seminary, Presbyterian College and Theological Seminary, and church, Dong-An Presbyterian Church, two years ago in May 2006.

The volume he has translated here begins with a small book I wrote soon after World War II. That was the time when German New Testament scholarship, led by Ernst Kaesemann and Günther Bornkamm, returned to the study of Jesus, after a generation of scholarship in which Jesus himself had been ignored in favor of the kerygma, the church's message, to the neglect of Jesus' own message. The "new quest of the historical Jesus" recognized that we have to establish historically what can be known about Jesus, since otherwise Jesus would seem not to be fully human, which would be the modern equivalent to what in the early church was called the heresy of "Docetism."

The volume also includes an essay on the apocalyptic interpretation of Jesus advocated a century ago by Albert Schweitzer in his famous book The Quest of the Historical Jesus. I had been invited to write an Introduction to both the German and the English reprints of that classic work. In my Introduction I showed how Schweitzer slanted the history of the quest of the historical Jesus that had taken place during the Nineteenth Century in such a way as to give the misleading impression that his own apocalyptic view of Jesus was the only logical outcome. It was Schweitzer's fanatical Jesus that had led German scholarship during the first half of the Twentieth Century to abandon Jesus in favor of the more familiar and acceptable Pauline Gospel.

But then in the second half of the Twentieth Century the renewal of the quest of the historical Jesus became possible, when scholarship took a new look at Jesus'teaching. Scholar rediscovered Jesus' word imbedded in a collection of his sayings, which had been brought together in Greek translation by the Jewish Christian branch of the church. One discovered that the focus of Jesus' message was on God reigning, the kingdom of God taking place now, happening in the here and now.

The focus of the study of Jesus then turned quite naturally to the parables of Jesus. It turned out that they were not intended as coded theological doctrines, as they had traditionally been understood. Rather Jesus understood them as God happening, just as he understood his healings and exorcisms. It is this focus on "Jesus' parables as God Happening" that comes to expression in the final essay of this volume.

I hope that readers of this small book will find in it a way to experience God happening in your life today.

James M. Robinson

April 23, 2008

서문

　『역사적 예수에 대한 새로운 탐구 *A New Quest of the Historical Jesus*』는 1959년에 영국의 SCM 출판사와 미국의 알렉 R. 알렌슨 출판사에 의해 초판이 발행된 이래, 1971년에는 루이스 출판사에 의해 제7판이 발행되었고 1979년에는 스콜라 출판사에서 재출판 되었다. 본서는 초판을 그대로 담고 있어 그 기원뿐 아니라 이 책의 출판 이후에 다른 저술들에서 밝힌 후속적인 발전들도 아울러 볼 수 있는 기회를 제공한다.

　사실 『역사적 예수에 대한 새로운 탐구』는 옥스퍼드의 크라이스트처치에서 있었던 1957년의 "사복음서" 컨퍼런스에서 발표한 "케리그마와 역사적 예수 탐구"라는 제목의 논문으로부터 출발하였다. 그때의 발표는 「티알러지 투데이 *Theology Today*」 15호(1958:183-197)에 잡지의 성격에 맞게 약간의 수정을 거쳐서 "오늘날의 역사적 예수 탐구 The Quest of the Historical Jesus Today"라는 제목으로 게재되었다. 이후에 옥스퍼드에서의 발표를 들은 SCM 출판사의 관계자가 컨퍼런스가 끝날 즈음에 런던에 있는 출판업자와의 만남을 주선하였다. 그는 제목에서도 사용된 바 있는 다수의 독일어 전문 용어를 줄여 줄 것을 부탁했고 SBL 시리즈에 맞게 내용을 보충해 줄 것을 제안했다.

　그래서 책의 제목을 『역사적 예수에 대한 새로운 탐구』로 합의하였고 어떤 면에서 이 제목은 이후에 첨가된 생각들의 반영이라 할 수 있다. 그렇다고 하더라도 이것은 현재에 짧게 '새로운 탐구(the new quest)'라고 부르는 것에 담겨 있는 전제들을 주장하기 위한 것도 아니고, 이보다 앞서서 1926년에 출판된 루돌프 불트만의 『예수와 말씀 Jesus and the Word』을 무시하려는 것은 더더욱 아니다. 오히려 이 책은 불트만 자신이 실행하지는 않았지만 그 책에서 예를 든 탐구의 방법으로 불트만식의 입장이 하나의 가능성 있는 이론이라는 사실을 발전시켜서 합법적인 내용을 가지고 있다는 점을 논증한다. '후기 불트만 학파(post-Bultmannian)'라는 용어가 생겨난 배경은 이런 이유에서이다. 이 책에 대한 비평으로 칼 브라텐(Carl E. Braaten)과 로이 해리스빌(Roy A. Harrisville)이 1964년에 공동 편집한 『역사적 예수와 케리그마적 그리스도: 역사적 예수의 새로운 탐구에 대한 연구 The Historical Jesus and the Kerygmatic Christ: Essays on the New Quest of the Historical Jesus』에 실린 미국의 대표적 학자인 반 하비(Van A. Harvey)와 슈베르트 옥덴(Schubert M. Ogden)의 "역사적 예수의 새로운 탐구는 얼마나 새로운가? How New Is the 'New Quest of the Historical Jesus'?"는 이 점에서 오독을 하고 있으며, 따라서 이후에 지속되는 논쟁의 근거가 되지 못하였다.

『역사적 예수에 대한 새로운 탐구』가 출판될 무렵 나는 괴팅엔 대학에서 1959년 여름 학기의 한 강좌를 위해 이 책의 원고를 사용하였다. 조교였던 하인츠 디터 크닝게(Heinz-Dieter Knigge)가 영어 원고를 독일어로 번역하였고 나는 당시에 정점에 다다른 독일에서의 논쟁과 관련된 내용을 개정하고 보충하였다. 특별히 나의 글 "오늘날의 역사적 예수 탐구"에 대한 답변으로 불트만이 보내 준 장문의 편지는 매우 중요했다. 그 편지에서 불트만은 『역사적 예수와 케리그마의 그리스도』라는 제목으로 영어로 출판된 바 있는 1959년 하이델베르크 과학원에서의 연설 "초기 기독교 케리그마와 역사적 예수"를 통해 세상에 공개된 방어적 비평(the guarded criticism)을 기대했음을 피력했다. 이후 강의들은 원래의 강의 제목이었던 『케리그마와 역사적 예수 *Kerygma und historischer Jesus*(Zürich and Stuttgart: Zwingli-Verlag, 1960)로의 회귀를 암시하는 제목을 가진 192쪽에 달하는 독일어판의 기초가 되었다. 드 뻬여(Étienne de Peyer)에 의해 번역된 프랑스판은 나와 협의 없이 부적절한 제목으로 출판되기도 했는데 그 제목이 『복음서의 케리그마와 역사적 예수 *Le kérygme de l'église et le Jésus de l'histoire*』(Nouvelle série théologique; Geneva Labor et Fides, 1961)였다.

독일어판의 개정 증보는 다른 형태로 알려지기는 했지만 영어판에는 반영되지 않았다. 영어판의 121쪽에서 언급한 글의 경우는 윌리엄 클라센(William Klassen)과 그레이든 스나이더(Graydon F. Snyder)가 공동 편집한 『신약성서 해석의 최근 동향들 *Current Issues in New Testament Interpretation: Essays in Honor of Otto A. Piper*』에 "예수의 메시지의 구조"라는 제목으로 게재되었다. 불트만과의 논쟁은 "'새로운 탐구'에 대한 최근 논의"라는 글에 요약되어 있는데, 이 글은 1961년 12월 29~30일에 있었던 성서학 교수들의 연례 모임에서 "역사적 예수의 새로운 탐구"에 관한 심포지엄의 내용을 부분적으로 싣고 있다. 이 논의들은 「성서와 종교 저널 *The Journal of Bible and Religion*」 30호(1962)에 실려 출판되었고 본서에 6장과 7장으로 게재하였다.

'새로운 탐구'는 1962년에 『신학과 선포: 불트만과의 대화 *Theology and Proclamation: Dialogue with Bultmann*』에서 게하르트 에벨링이 불트만에 응답하면서 가장 효력 있는 공식적 표현이 되었다. 이러한 결정적인 논의는 1965년 여름에 완성된 264쪽 분량의 『케리그마와 역사적 예수 *Kerygma und historischer Jesus*』에 추가되었고, 하인츠 디터 크닝게의 도움으로 1967년 출판되었다. 이 책은 1962년에 이미 독일에서 알려진 하비와 옥덴의 비평에 대해서도, 비록 긴 각주로 처리하였지만, 자세하게 응답하였다. 독일어판을 영어로 다시 번역하는 것이 나의 원래의 관심이었다. 그러나 예루살렘에 있는 미국의 동방 연구학회(American School of Oriental Research)에서 안식년을 보내는 동안에 출판되지 않은 나그 함마디 문서들을 접하게 되었고 안식년에서 돌아왔을 때, 독일어로 이미 나온 나의 책을 번역하는 것보다 접근 불가능했던 일차자료들을 학자들에게 가능한 한 빨리 소개하는 것이 급선무라는 생각이 들었다. 그래서 이 논의와 관련한 나의 연구는 1966년 독일어판과 1968년 영어판(New York: Macmillan)에 게재한 알베르트 슈바이처의 『역사적 예수 탐구』의 소개나 토마스 트로터(Thomas Trotter)가 편집한 『예수와 역사가 Jesus and the Historian: Written in Honor of Ernest Cadmann Colwell』에 게재한 "하나님 사건으로서의 예수의 비유"에 관한 글 정도로 제한되었다. 이 두 개의 글 역시 본서의 8장과 9장에 게재하였다.

그 동안 다소 실망스러운 점도 있었으나 지속적으로 역사적 예수에 관한 연구가 수행되었고 베르너 게오르그 퀴멜(Werner Georg Kümmel)은 「신학 저널 Theologische Rundschau」 40(1975), 289-336; 41(1976), 197-258, 295-363; 43(1978), 105-61, 233-65; 45(1980), 40-84, 293-337; 47(1982), 136-65에서 이를 자세하게 정리하였다. 60년대의 혁명적 시기는 예수를 해석하는 데 있어 더욱 다양한 컨텍스트를 고려하였다. 갑작스럽게 브랜든(S. G. F. Brandon)의 『예수와 젤롯당: 초기 기독교의 정치적 요소에 관한 연구 Jesus and the Zealots: A Study of the Political Factor in Primitive Christianity』(1967)와 『나사렛 예수의 심문 The Trial of Jesus of Nazareth』(1968)에서와 같은 정치적인 접근 방식이 각광을 받았고, 오스카 쿨만(Oscar Cullmann)의 『예수와 혁명가들 Jesus and the Revolutionaries』(1970)과 마르틴 헹엘(Martin Helgel)의 『예수는 혁명가였는가? Was Jesus a Revolutionist?』(1971)는 에드워드(G. R. Edward)의 『예수와 폭력의 정치학 Jesus and the Politics of Violence』(1972)에서 발견되는 미국식 표현과 브랜든의 접근 방식을 잠재우려 노력했다. 점차로 사회 과학에 의존하는 방법론이 독일에서도 부각되기

시작했다. 타이센(Gerd Theissen)의 『초기 팔레스타인 기독교의 사회학 *Sociology of Early Palestinian Christianity*』(1978)이나 영어로 번역되지는 않았지만 『나사렛 예수』를 쓴 귄터 보른캄(Günther Bornkamm)의 후계자로 새로운 탐구가 시작된 1956년에 콜해머의 독일어 문고판 시리즈 가운데 하나인 『나사렛 예수: 가난한 자들의 희망 *Jesus von Nazareth: Hoffnung der Armen*』을 쓴 루이스 쇼트로프(Luise Schottroff)와 볼프강 스테게만(Wolfgang Stegemann)에게서 이러한 정치적 접근을 발견할 수 있다. 그들은 예수에 대하여 들은 사람들의 사회 경제학적 지위가 무엇인지를 확정하고 이를 통해서 예수의 공생애와 Q와 누가를 형성한 공동체에서 일어난 실제적인 사건들을 평가하려 한다. 세계성서학회(Society of Biblical Literature)의 비유 세미나에서는 구조화된 신학으로서가 아니라 대체할 수 없는 언어로서의 예수의 메시지에 관심을 기울이는 새로운 초점이 생겨났다. 그 초점은 예수의 메시지가 말하는 바의 실재를 메시지인 언어 자체가 촉발시킨다는 사실이다. 예수의 은유적 말씀은 우리에게 친숙한 세계(유대 및 기독교 묵시론에서 말하는 현재의 악한 세대)를 산산이 조각내고 경청하는 청중들(들을 귀 있는 자들)을 하나님 나라를 통해 자유하게 한다. 그리고 저 하늘 어디엔가 있는 것은 아니지만 곧 오게 될 낯설고 새로운 세계가 다소 지연되고 있지만 그러나 예정된 시간에 반드시 올 것이며 그것은 산산이 부서졌던 우리와 친숙한 세계로서 새로운 모습을 갖고 우리에게 돌아올 것이다. 나는 Q라고 알려진 예수말씀이라는 모음집에 관심을 가지고 예수를 재고하는 다음 단계에 투신하길 원한다. 그럼으로써 역사적 예수의 탐구는 새로운 국면을 맞을 것이고 누군가에게는 혼란을 주고 누군가에게는 흥분을 주면서 현재 일어나고 있는 일을 이해하는 모든 사람에게 도전이 될 것이다. 이것이 역사적 예수와 직면하는 모든 세대들을 위한 올바른 응답이라 생각한다.

제 1 부

· ·

역사적 예수에 대한 새로운 탐구

제1장 서론

A. 독일 신학의 '불트만 학파' 시대

본서는 신약학계의 미완의 작업으로 그친 기본적 논제에 어떤 기여를 하고자 계획적으로 쓴 글이다. 그렇기 때문에 그 출발점은 프랑스나 영미 학계에서 비교적 무난하게 진행되어 온 역사적 예수의 연구가 아니다. 오히려 계속되는 19세기 독일 신학계의 연구를 검토해야 하고, 적어도 다시 생각해 봐야 한다는 신념에 기초하고 있다. 오늘날 연구는 새로운 전제들과 목적, 과정에 근거한 새로운 탐구가 되어야 한다. 물론 새로운 출발점이 이전 탐구의 난제들을 가장 정확하게 알고 있는 동일한 학자들에 의해서 제시되었기 때문에 어떤 의미에서 탐구는 과거 연구의 연속일 수는 있지만 대부분은 새로운 것이다. 사실 이 새로운 전개는 전후 독일 신학의 '후기 불트만 학파'의 시대에 핵심적인 추진력을 형성했다는 것을 발견할 때 제대로 파악된다.

전후 독일 신학의 제1기에는 분명히 불트만 학파의 입장이 뜨거운 감자로 부각되었다. 비신화화의 구체적인 방법론에 집중했던 불트만의 막대한 영향이 수포로 돌아갔기 때문이다. 그 이유는 나치 신학과의 마찰, 전쟁,

전후 독일의 붕괴, 그리고 리츠만(Lietzmann), 브흐셀(Buechsel), 벰 (Behm), 폰 소덴(von Soden), 로메이어(Lohmeyer), 키텔(Kittel), 디벨리우스(Dibelius), 슈니빈트(Schniewind)같이 저명한 신약학자들의 죽음 등을 들 수 있다. 불트만의 제자로는 튀빙엔(Tübingen)의 에른스트 케제만(Ernst Kaesemann), 하이델베르그(Heidelberg)의 귄터 보른캄(Günther Bornkamm), 마르부루크(Marburg)의 에른스트 푹스(Ernst Fuchs), 본 (Bonn)의 에리히 딘클러(Erich Dinkler), 괴팅엔(Götingen)의 한스 콘첼만 (Hans Conzelmann)이 두드러졌고 선도적인 학자의 위치에 서게 되었다. 또한 고가르텐(Gogarten)과 틸리히(Tillich)의 신학과 공조하면서 더 넓은 신학적 컨텍스트를 얻게 되었다. 불트만 스스로도 하이데거의 실존주의에 집중하던 독일의 문화적 주류에 편승하여 공조(rapprochement)의 예를 제시한 바 있다. 20세기 초두 하르낙(Harnack)의 『기독교란 무엇인가? *What is Christianity?*』나 한 세대 전의 바르트(Barth)의 『로마서주석 *Romans*』이 그랬던 것처럼 불트만의 기념비적인 『신약성서신학 *Theology of the New Testament*』은 당시 신학의 종합적인 전망을 제시했다. 그래서 독일은 거의 '불트만주의자들'이 주류를 이루었다. 마치 한 세대 전에 바르트주의자가 풍미하고 반 세기 전에 리츨 학파, 그리고 더 이전에 헤겔 학파가 그랬던 것처럼 말이다. 그래서 불트만의 작품이나 사상들은 세계로 퍼져나가는 독일 신학의 대표 역할을 수행했다.

이 같은 전후 제1기를 불트만 학파의 시대라고 생각하는 것은 당연하다. 그러나 우리는 불트만의 선도적인 제자들에 의해서 불트만의 입장이 다시 연구되는 새로운 국면을 맞게 된다. 이것은 불트만이 제시한 자유의 정신과 비평적인 학문의 자세에 대하여 보내는 제자들의 보기 드문 찬사였다. 엄격한 의미에서 독일 신학의 전후 제2기는 '후기 불트만 학파'의 시대로 규정할 수 있을 것이다. 왜냐하면 걸출한 불트만의 제자들에 의해 신학이 주도되었을 뿐더러 그것이 불트만의 업적에 대한 심화된 연구에 기초하고 있었고 불트만의 업적이 없이는 불가능한 것이기 때문이다. 그러나 그것은 결과적으로 불트만의 입장을 수정하는 것이었고 이를 통해 미래의 신학적 종합(theological synthesis)이 예견되었다. 진지하게 수행된 새로운 연구의 출발은 역사적 예수의 문제에 관한 것이었다.

B. '후기 불트만 학파'의 역사적 예수 탐구

불트만은 20세기 초 독일 신학계가 역사적 예수 연구와 결별하는 데 결정적인 역할을 감당했다. 그는 양식비평을 통해 역사적 예수에 대한 탐구는 불가능하고, 실존주의적 신학에 근거하여 역사적 예수 연구는 부적절하다고 결론 내렸다. 그렇기 때문에 그의 제자들이 불트만 신학에 대한 재연구의 출발점을 역사적 예수에서 찾은 것은 놀랄 만한 일이 아니다.

1953년에 케제만에 의해 공식적인 토론이 열렸고, 그는 '구 마르부루크 학파(old Marburgers, 불트만주의자들)'의 모임에서 '역사적 예수의 문제'에 관한 연설을 했다. 그는 불트만 신학의 많은 부분이 여전히 의미가 있지만 역사적 예수에 대하여 **어느 정도 알 수 있고**, 신화적인 주님에만 매달리지 않기 위해서라도 역사적 예수 연구가 계속되어야 한다고 주장했다. 핵심적인 논제는 "시간의 불연속성 속에서의 복음서의 연속성과 케리그마의 다양성에 대한 문제 the question as to the continuity of the gospel in the discontinuity of the times and the variation of the kerygma"라는 논문에서 발견된다. 예를 들면, 교회가 고양된 주님을 선포하는 것이 과연 역사적 예수의 선포와 연속성이 있는지, 그리고 그렇다면 고양된 주님은 나사렛 예수와 연속성이 있는지 하는 문제들이다.

역사적 예수 연구의 새로운 문을 열기 원한 케제만의 주장은 독일 신학계의 빠르고 넓은 지지를 얻었다. 전통적으로 보수 신학은 역사적 예수에 관해서 자유주의의 처음 입장을 고수해 왔다. 그렇기 때문에 케제만의 주장이 로마 가톨릭의 대변인이나 스칸디나비아 신학, 불트만 학파가 아닌 독일 신학자들의 지지를 받은 것은 놀라운 일은 아니다. 그리고 이 새로운 탐구는 이전의 탐구에서 예수에 대한 상세하고 정확한 문헌학적·배경사적 연구로 명성을 떨치던 요아킴 예레미아스(Joachim Jeremias)의 지지를 얻었다. 게다가 최근의 논의는 박사논문이나 신학자가 아닌 학자들의 연구들을 촉발시켰고 논의 자체를 문제 삼는 토론과 극단주의자를 양산했다. 지속되는 논의 가운데 주목할 점은 위세를 떨치던 불트만 학파와 바르트주의자들의 반응이었다.

새로운 탐구를 처음으로 제시한 케제만은 예수의 **메시지**와 교회의 **케리그마**의 상관성을 문제 삼았다. '예수의 선포의 실제적인 컨텍스트'로서 예수의 **행위**에 집중했던 에른스트 푹스가 불트만 학파에서 뒤를 이었다. "예수께서 하신 일은 무엇인가? 우리는 그가 세리와 죄인들과 함께 종말론적 식탁을 즐기셨다고 말한다(마 11:19). 그리고 우리는 분명히 이 식사를 예수에 의해 그들 모두에게 미리 주어진 선한 행동으로 이해한다. 이것은 예수께서 그의 종말론적 경험을 개인적인 영역에 제한하지 않으시고 오히려 그들에게서 열매를 구하고 천국에서만 가시화되는 하나님의 역사를 이 땅에서 시작하시기로 결정하셨음을 뜻한다! 이것이 예수께서 종말론적 식탁을 즐기셨던 이유였다. **예수의 실제 행동은 바로 이것이다.**" 여기에서 모든 이에게 열린 종말론적 식탁에 대한 논의는 예수의 행위 전체를 해석하는 데까지 일반화되었다. "이 행위는 예언자의 것이나 철인의 것이 아니다. 오히려 하나님으로부터 벗어나 멀리 떠난 죄인들을 가까이 부르심으로써, 감히 하나님을 대신하여 행동하는 사람의 행위이다." 하나님의 뜻이 은혜라는 사실을 내포하는 이 행위는 신적 행동이며, 결국 예수를 반대에 직면하게 하고 죽음으로 몰아갔던 실체이다(막 3:6).

푹스는 예수의 메시지는 온전히 예수의 행위에 의존한다고 보았다. 푹스는 이를 증명하기 위해 종말론적인 식사를 배경으로 한 가운데 종종 듣게 되는 비유에 주목한다. "예수는 제자들에게 선한 행동으로, 비유의 언어를 해석해 주신다." "예수께서 자신을 변호하기 위해 비유를 사용하신다 하더라도 비유가 예수의 행위를 설명하는 것이 아니다. 오히려 정반대다. 예수의 행위가 그의 행위로부터 추론할 수 있는 비유를 통해 하나님의 뜻을 명쾌하게 하는 것이다." 따라서 예수의 입에서 나오는 비유들은 "예수 자신에 대한 증거"이고, "우선적으로 예수 자신과 우리의 관계에 적용되는 것이다." 비유에 접근하는 이 같은 태도가 예수의 모든 가르침에 접근하는 방법으로 일반화되었다. "우리가 이것을 바로 보기만 한다면, 확실히 예수의 말씀은 역사적인 그의 행위를 반영한다는 결론을 얻을 수 있다." "예수는 그의 결단과 행위에 기초해서 이해되기를 원하신다." 예수의 행위에 근거한 가르침에 집중한 것은 제자로 하여금 예수의 죽음 또한 신적 행동으로 생각할 수 있게 하였고, 예수의 자기 이해를 담지한 초기 교회의 신앙고백을 낳았다. 푹스는 케제만이 예수의 메시지와 관련하여 제시한 논문과 똑같이 예수의 행위와 관련한 논문을 발표한 것이다. 예수의 메시지와 행위에 함축된 종말론적 자기 인격 이해가 초기 교회의 케리그마 안에서 명백해진 것이다.

역사적 예수에 대한 새로운 탐구를 제안한 케제만과 푹스의 노력은 1956년 귄터 보른캄의 논문 "나사렛 예수 Jesus von Nazareth"에서 처음 가시화되었다. 이것은 불트만이 30년 전에 『예수와 말씀 Jesus and the Word』을 내놓은 이래로 불트만 학파에서 역사적 예수에 대하여 문제 삼은 첫 번째 저작이었다. 그러나 새로운 탐구의 제안이 준 자극은 보른캄의 논문에서뿐 아니라 불트만 고유의 전통적인 입장과는 명확히 구분되는 주장들이 많아졌다는 데서 분명해진다. 왜냐하면 이 주장들은 예수의 메시지와 행위, 그리고 케리그마 사이의 관련성에 대해 새로이 부각된 관심들을 표현하고 있기 때문이다.

보른캄은 불트만이 그랬던 것처럼 그의 주장을 예수의 '말씀'에만 국한시키지는 않는다. 오히려 푹스처럼 예수의 생애의 사건들을 연관시킨다. 보른캄은 예수의 제자들(제6장)과 예루살렘으로의 여행(제7장)을 다룬 장에 추가해서 예수에 대하여 사용 가능한 전기적인 정보들을 예수의 인격을 스케치하는 데 삽입하는 모험을 감행했다. 이 장(제3장)의 중요성은 예수가 믿음을 위해 마치 그와의 만남이—적어도 잠재적으로는—케리그마와 마주치는 것처럼 느끼도록 암시적으로 사람들에게 남기셨던 인간적인 인상을 묘사하려고 시도했다는 것이다.

예수의 행위라는 컨텍스트로부터 지지를 받는 보른캄의 예수의 메시지는, 현재의 예수의 행동은 미래적인 결단을 촉구한다는 측면을 부각한 불트만의 전형적인 주장과 결별한다. 그에게 중요한 것은 현재이다. "중재되지 않은 현존은 과거와 미래 사이에서, 전통과 약속 혹은 위험 사이에서 살아가기 때문에, 현재를 잃어버린 세상 가운데서 예수의 말씀과 행동의 특징이었다." 이것은 보른캄이 '실현된 종말론'의 입장으로 선회하였다는 것을 의미하지는 않는다. 오히려 불트만처럼 직설법에 내재된 명령법으로서 예수의 역사적 자기 이해에 내재된 현재와 미래의 긴장을 보았다. 그러나 이것은 불트만이 예수의 메시지와 교회의 케리그마의 연속성에 대해 관례적으로 여기던 정도보다 그 연속성을 더 분명하게 강조하였음을 의미한다.

불트만의 고전적인 예수와 바울의 구분은 예수에게 미래였던 것이 바울에게는 과거이며 현재라는 것이다. 서로 다른 시대(aeon)에 속하였기 때문에 예수는 율법과 약속을 선포했지만 바울은 복음을 선포했다. 이 구분은 보른캄에게 있어 예수와 세례 요한에게도 적용된다. 요한은 "세대(aeon) 사이의 국경에 서 있는 파수꾼"이다. 요한과 예수의 차이점은 "11시와 12시의 차이이다." 그리고 "하나님의 실재를 현재화하는 것은 예수의 진정한 신비이다." 그러므로 보른캄의 메시아 문제에 대한 논의(제8장)는 불트만처럼 예수께서 어떠한 메시아 칭호도 사용하지 않으셨다는 입장에 국한되는 것이 아니라 "그의 역사적 출현의 비중재성 안에 그리고 그의 말씀과 행위 안에 존재의 메시아적인 측면이 함축되어 있다"고 보기 때문에 예수의 가르침에서는 그와 같이 뚜렷한 암시는 발견할 수 없다고 설명한다. 이것은 역사적 예수와 교회의 케리그마 사이의 연속성에 대한 논의를 전개하는 마지막 장(제9장, "예수 그리스도")으로 이어진다. 부활의 경험을 통해서 제자들은 "하나님께서 친히 전능하신 손으로 사악하고 배반을 일삼는 세상에 개입하셨고, 예수에 대항하는 죽음과 죄의 권세에서 나사렛 예수를 건져내셨으며 그를 세상의 주로 삼으셨다"고 확신하게 되었다. 따라서 부활은 죄와 사망으로 물든 옛 세상을 무너뜨리는 하나님의 새로운 세상과 그의 통치가 세워지고 시작되었음을 의미한다. 우리는 여기서 "오시는 하나님의 통치라는 예수의 고유한 메시지가 다시금 새로운 형태를 빌려 울려 퍼지는 것과 그 스스로가 죽음과 부활을 통해 메시지가 되었고 그 핵심을 이루게 된 것"을 보게 된다. 예수 자신의 행동에 대한 종말론적 해석을 포함한 예수의 종말론적 메시지는 부활 신앙과 기독교 케리그마에 의해 기독론적 형태로 지속되어 왔다.

한스 콘첼만은 이렇게 다양한 발전 양상을 예수의 종말론과 인격이라는 주제로 통합하였다. 이 종말론과 인격 안에서 기독론은 예수의 메시지의 기본적 의미로서의 연대기를 대체하였다. 예수가 선포한 하나님 나라는 미래였지만 '중간기'는 그에게 그다지 중요한 의미가 없었다는 것이다. 오히려 예수는 사람들로 하여금 비중재적이고 결정적으로 하나님 나라와 직면하게 했다. 이것이 본문을 문자적으로 해석할 때 모순적일 수 있는 다양한 주제들의 공통된 의미이다. 하나님 나라의 도래가 가까워 오고 그 도래가 갑작스럽게 이루어진다는 것, 예수 스스로가 마지막 표지라는 것이 그 공통된 의미다. 이 모든 것은 예수에 의해 잠정적인 의미가 아니라 실존적인 의미를 가진다. 비록 하나님 나라의 도래가 잠정적으로 표현되었다 하더라도 "그 의미는 오시는 하나님 나라의 빛 안에서 인간의 상황을 조명할 때" 발견할 수 있다. 현재의 복과 재앙처럼 미래적인 보상과 처벌에 대한 예언은 한 개인의 현재 상황에서 경험되는 구원과 상실의 대안을 반영한다. 그렇기 때문에 구원에 대한 예수의 메시지와 회개의 촉구는 "인간 실존의 절대적인 결단"을 형성하게 한다.

다른 식으로 말하자면, "존재한다는 것은 [예수의 행위와 같은] 표지들(the signs)을 이해하는 것"이라고 할 수 있다. 예수의 종말론이 고의적으로 시간을 무시하는 것 같이 보이는 이유는 예수의 인격에 집중하고 있기 때문이다. 그는 "종말에 앞선 하나님의 마지막 말씀으로서 예수의 설교를 이해하고, 예수의 행위 안에 이미 하나님 나라가 시작되었다고 봄으로써 구원을 예수의 인격과 연결한다." 이처럼 예수의 종말론은 간접적으로 기독론을 함축한다. "만약 하나님 나라가 **그렇게** 가까워서 종말의 그림자들을 모두 거두어간다면 '구경꾼'들은 더 이상 예수 앞에서 종말을 생각하지 않게 된다. 왜냐하면 예수는 여전히 일정한 거리를 두고 종말을 보고 있으나 오히려 그것은 그 순간에 온전히 드러나기 때문이다. 예수는 '언제인가?' 라는 질문에 새로운 답을 제공하지 않는다. 이런 점에서 예수는 여전히 묵시주의자이다. 그러나 예수는 앞에서 본 것처럼 이 질문을 대체한다."

C. 불트만의 입장 변화

'후기 불트만 학파'의 이 같은 신학적 발전을 주목한 사람은 과연 불트만 본인이 이 신학적 경향에 대해 어떻게 반응하였는지 궁금하지 않을 수 없다. 후기 불트만 학파의 신학적 입장이 불트만의 고전적인 입장과 다르긴 하지만, 그럼에도 불구하고 불트만의 가설에 많은 빚을 지고 있고 이미 불트만 저작들도 일부 이 방향으로 흘러가고 있음을 보게 된다. 그래서 불트만의 최근 논문이 바르트주의자인 헤르만 디엠(Hermann Diem)에 의해 제시된 비평에 대하여 케제만의 입장을 변호하는 것 같은 인상을 주는 것은 매우 의미심장하다. 디엠은 케제만이 예수를 교회의 케리그마와 연속성 안에 있는 메시지가 아니라, "하나님의 자녀들이 가지는 자유"에 대해 "종교적이고 윤리적인 진리들"을 선포하는 선생으로 제시한다는 이유로 비판한다. 케제만은 예수가 인자라 주장했다는 사실을 의심하고 대신 이렇게 말한다. "예수는 다가오는 하나님 나라—하나님께서 은혜와 조건들을 가지고 인간에게 다가오신다는 의미—에서 어떤 자세를 취해야 하는지 말씀하시기 위해 오셨다. 주 아버지 안에서 자신을 발견하는 한에서 하나님 자녀들이며 자유인이었던 그들에게 자유를 가져오셨고 또 그것을 삶으로 보여 주셨다."

불트만은 영원한 진리들은 구체적인 선포 속에 적용될 때 역사적인 만남이 될 수 있다고 지적한다. 이런 점에서 그는 이미 예수의 가르침이 초기 교회에서 고양된 주님으로서 케리그마적인 선포를 하기 위해 사용되었음을 인지했다. "기독교는 예수를 선포하였지만 예수는 결코 스스로를 선포하지 않았다는 측면에서, 그의 선포가 전적으로 기독교의 선포가 아니라는 사실을 반대하기는 어렵다. 우리가 어떤 식으로 예수의 선포가 신비스러운 기독교 선포가 될 수 있었는지에 대한 질문을 완전히 무시한다고 하더라도, 예수의 선포가 기독교 선포가 되었고 그 안에서 선포된 자가 동시에 선포자로서 제시되는 것은 부인할 수 없다." 그러나 이것은 '일반적인 진리'가 구체적인 선포 속에 적용될 수 있는 것처럼, 예수의 가르침을 형식적으로 사용한 것에 불과하다. 불트만은 예수의 가르침과 교회의 케리그마와의 관계 문제—예수의 선포 가운데 어떤 것이 기독교적인가?—가 더 복잡해지고 있음을 알았다. "이것은 예수의 율법에 대한 가르침이 자유를 허락하시는 하나님의 은혜의 표지로서 율법을 선포한 다른 가르침들과 구별된다는 것을 보여 주지 못하면, 선포자가 어떤 식으로 선포된 자가 되었는지에 대한 해답을 주지 못한다."

율법과 복음이라는 측면에서 예수와 바울을 구분하던 불트만의 초기 입장과 신약신학에서 하나의 가정으로 제시했던 유대교 안에서 예수를 분류한 것에 익숙한 사람들은 그가 단순히 이전 입장을 반복한다고 생각할 수 있다. 그러나 불트만은 하나님의 선한 행동으로서 예수의 행위를 이해했던 푹스의 견해에 따라 예수의 메시지는 전적인 은혜라는 결론에 도달했다. 예를 들면 "전적으로 은폐되고 신비한 기독교 선포"로 이해한 것이다. 그러한 결단의 촉구(마 11:6; 눅 12:8)는 예수의 인격과 관련한 결단을 촉구함으로써 동시에 약속의 말씀이고 은혜의 말씀이 된다. 자유의 선물이 듣는 자에게 주어지는 때가 바로 이때다. 만약 결단을 요구한 자가 "먹기를 탐하고 술 취하고 세리와 죄인들의 친구"(눅 7:34; 마 11:19)라고 한다면, 그는 하나님의 극단적인 요구 사항을 선포하는 동시에 은혜의 말씀을 선포하는 것이 아닌가? 세리와 창기들이 공식적으로 "의인"(마 21:31)에 앞서 하나님 나라에 들어간다면 그것은 하나님의 은혜를 입은 사람들이 그분의 요구 사항을 이해할 수 있었기 때문이다. 그리고 그 조건은 계속된다. "누구든지 하나님의 나라를 어린아이와 같이 받들지 않는 자는 결단코 그 곳에 들어가지 못하리라"(막 10:15). 분명히 이 조건은 동시에 은혜의 확증을 포함한다. 불트만 스스로도 역사적 예수와 케리그마에 관해서는 그의 제자들로 이루어진 '후기 불트만 학파'의 입장을 따르고 있는 듯하다.

케제만이 예수를 케리그마보다는 오로지 일반적인 진리들을 가르친 분으로 그렸다고 비판한 디엠의 주장에 후기 불트만 학파의 입장을 적용해 보면 디엠은 분명히 핵심적인 요인을 간과하고 있음을 알 수 있다. 케제만은 예수께서 하나님의 부성과 인간의 자유를 **가르치셨다**는 입장을 넘어서 "하나님은 은혜와 요구 사항을 가지고 인간에게 **다가오셨고**" 예수는 "하나님의 자녀에게 자유를 **가져다 주셨고** 이를 **삶으로** 보여 주셨다"고 주장한다. 잘못된 "일반적 진리" 혹은 "메시아 칭호에 대한 명백한 주장"의 대안들 사이에 디엠이 간과한 예수의 공적 사역에 나타난 종말론적인 행위가 있었고, 거기에 바로 교회의 케리그마의 신학적이고 역사적인 출발점이 있고 역사적 예수의 새로운 탐구의 중요한 연구 분야가 있는 것이다.

D. 바르트주의자들과의 화해

주로 불트만 학파의 영향 아래서 이루어진 신약학자들의 역사적 연구에 대한 움직임은 칼 바르트 진영이 긍정적으로 역사를 평가하도록 하는 데 영향을 미쳤으며 바르트와 여러 모로 관련이 있었던 조직신학자들로부터 역사적 예수에 대한 관심을 불러 일으켰다. 아마 가장 명백한 예는 헤르만 디엠이 그의 초기 입장을 보류하고 케제만의 기본적 입장을 수용하기로 했다는 사실이다. 디엠의 기본적 입장은 신약성서는 스스로를 선포한 예수 그리스도에 대한 증언이라는 것이다. "선포의 역사는 우리가 찾고 있는 신약성서 안에서 역사적 연구의 목적이다." 그리고 "그것은 신약성서 자체의 이해에 충실할 때 타당한 목적이 된다." 그러나 이것이 암시하는 것이상으로, 누구도 복음서 저자의 메시지 배후에 있는 예수의 역사를 조사할 수는 없다는 본래의 바르트주의 입장에 따라 "우리는 선포의 역사에 있어 처음 시기, 다시 말해 예수 스스로의 선포를 연구해야 한다는 것"을 인정했다. 왜냐하면 예수로부터 시작해서 교회에 이르기까지 선포의 연속성에 대한 역사적인 질문은 교회의 주님이 신화인가 아닌가와 관련된 신학적 질문이기도 하기 때문이다. 디엠은 역사적 질문에 대한 부정적인 답변은 복음의 진리에 관한 신학적 질문에 '부정적인 편견'을 갖게 한다고 시인한다. 따라서 그는 조사할 수 있는 역사적 질문들을 진지하게 연구하는 데 몰두한다. 한 예가 예수의 메시지와 교회의 증언 속에서 발견되는 복음서의 '인자' 칭호이다. 비록 예수는 스스로를 인자라 일컫지는 않았지만, 종말론적 심판의 때에 인자에 의한 해방이 현재의 자신과의 관계에 달려 있다고 말했다(막 8:38). 이것은 구원이 예수에게 의존하고 있기 때문에 교회가 예수에게 구원을 가져오는 자(인자)의 칭호를 부여함으로서 이를 분명히 하고 있다는 것이다. 여기서 디엠은 케제만의 입장과 거의 동일한 새로운 탐구의 신학적 중요성을 인정하고 또한 칭호의 표면적 의미가 아니라 심층적 의미를 모색하고 신학적 의미와 실존적 의미까지 묻는 새로운 탐구의 기본적인 방법들을 차용함으로서 새로운 탐구의 주창자들의 입장을 수용한다.

이 같은 독일 신학 내부의 논의를 살펴봄을 통해, 우리는 불트만의 걸출한 제자들로 구성된 '후기 불트만 학파'가 주도한 역사적 예수에 대한 새로운 탐구의 제안이 전통적으로 보수적인 범위에서뿐 아니라 바르트주의 진영과 불트만의 지지를 받으면서 확장되어 왔다고 결론내릴 수 있다. 다가오는 세대에 신학의 특징을 규정하는 정도의 단순한 제안의 차원을 넘어서게 할 만한 충분한 자극들을 만들어내는 힘의 집중이 이루어지고 있었다.

새로운 탐구의 성격을 분명히 하고 몇 가지 핵심적인 주제에 대하여 새로운 탐구를 시도한 이 책의 작업은 이러한 비교적 호의적인 배경 속에 있다.

이제 어떻게 새로운 탐구에 의미 있는 공헌을 할 수 있을지에 대한 논의를 위해, 기존의 최초의 탐구(original quest)가 어떤 이유로 불가능하고 부적합하게 여겨져 그만 둘 수밖에 없었는지 살펴보아야 한다(제2장). 왜냐하면 연구의 한계들을 인식할 때 새로운 탐구가 어느 정도 가능할지(제3장)뿐 아니라 그러한 탐구의 적합성을 규명할 수 있는 것은 과연 어느 정도인지(제4장)를 가늠할 수 있기 때문이다. 예를 들면 어느 정도 신학적으로 허용되고 필요한 것인가 하는 질문들을 모색하는 것이다. 그 후에라야, 핵심적인 문제들을 인식함으로써 개별적인 문제들을 해결하기 위한 연구의 적합성을 타진할 수 있고 연구자는 실제적인 결과들을 얻을 수 있다(제5장).

제2장 최초의 탐구의 불가능성과 부적합성

A. 불명료한 용어인 '역사적 예수'

'역사적 예수 탐구'는 알베르트 슈바이처(Albert Schweitzer)의 『라이마루스에서 브레데까지 *Von Reimarus zu Wrede*』의 영어 제목을 통해 잘 알려진 용어가 되었다. 이것은 그 책의 독일어 부제인 "예수의 생애에 대한 연구의 역사"의 시적인 번역이기도 하다. 그래서 슈바이처의 책을 접한 사람들은 '역사적 예수'라는 표현이 현대의 역사적 연구와 밀접한 관련이 있다고 생각한다. 그러나 그 개념이 가지는 모호성에서 벗어나려면 용어의 의미가 어느 정도까지 역사적 연구와 관계 있는 것인지 자세하게 설명되어야 한다.

'역사적 예수'라는 용어는 '역사적'이라는 수식어가 아무런 의미도 없이 추가된 것으로 단순히 '예수'나 '나사렛 예수'와 통용될 수 있는 용어가 아니다. 오히려 '역사적'이라는 수식어는 학문적인 용어로서 표현의 전체적인 성격을 규정하는 핵심적인 역할을 한다. '역사적'이라는 말은 '객관적인 학문에 의해 검증된 과거의 일들'을 의미하는 데 사용된다. 따라서 '역사적 예수'라 함은 '사학자들의 과학적 방법을 통해 나사렛 예수에 관해서 밝힌 것'을 의미한다. 따라서 우리는 '역사적 예수'를 단순히 '예수'라는 용어로 치환할 수 있는 용어가 아닌 학문적인 용어로서 이해해야 한다.

'역사적 예수'라는 표현의 학문적 의미는 '역사'라는 용어를 너무 좁게 이해한 것이 아닌가 하는 생각이 들기도 한다. 그러나 이러한 용례가 연구 혹은 조사라는 의미를 가진 '역사'의 본래적이고 어원적 의미에 가장 가깝다. 이것은 과학자들이 과학적 연구를 통해 발견한 법칙들이 적용되는 우리 주변 세계를 일컬어 '자연'이라 하는 것과 유사하다. 이런 의미에서 만약 객관적이고 역사적인 학문과 과학적 연구가 적어도 이론상으로라도 전체의 실재에 다다를 수 있다고 한다면 '역사'와 '자연'은 모든 실재를 드러낼 수 있는 것이다. 그럴 경우에 '역사'와 '자연'의 학문적 의미는 평범한 사람들이 '역사'를 '일어난 모든 것'으로, '자연'을 '우리 주위의 전체 세계'로 이해하는 것처럼 이해할 수 있다.

이는 실제로 19세기의 역사적 예수 탐구의 기본 전제였다. 왜냐하면 이 탐구가 도그마의 한계를 벗어나서 과거의 실재에 접근하기 위한 계몽주의의 노력으로 촉발되었기 때문이다. 역사적 예수의 탐구는 원래 성서와 신조, 교회에서 교리적으로 제시한 예수에 제한되지 않고 '1세기 팔레스타인 지역에 살았던 나사렛 예수'를 찾는 탐구였다. 그래서 사람들은 주류의 방법론적인 대안들에 편승함으로써 정통적 기독론과 계몽주의의 예수 사이에서 선택의 상황에 직면했다. 만약 정통적 그리스도가 믿음과 교리를 통해 도달할 수 있는 분이라면 '실제의 나사렛 예수'도 '실제 있었던 대로' 과거를 구성할 수 있다고 약속하는 새로운 역사 구성 방법에 의해 도달할 수 있는 분임을 의미한다. 따라서 19세기는 '역사적 예수'의 두 가지 의미가 부합하는 듯했다. 다시 말하면 '실제로 있었던 나사렛 예수'는 '객관적인 역사적 방법을 가지고 구성한 예수의 전기'와 부합했다.

이것은 20세기에 접어들면서부터는 다소 불분명해졌다. 이 변화의 이유는 어떤 역사적 사실들은 역사가들의 접근 범위를 안에 있지만 다른 사실들은 그 범위를 넘어서는 것처럼, 객관적인 자료를 다루는 데 있는 역사비평적 방법의 한계 때문만이 아니었다. 오히려 우리는 19세기에 발견한 객관적 사실이라고 하는 것이 오직 역사의 단면을 드러낼 뿐이고, 실재의 새로운 차원들과 깊고 핵심적인 의미들을 간과했다는 사실을 인식하는 데 이르렀다. 19세기는 '역사적 사실들'의 실재가 일반적으로 이름과 지명, 날짜, 순서, 원인과 결과들로 이루어지는 것으로 보았다. 만약 어떤 사람이 역사를 통해 자연과 사람을 구분 짓는 인간적인 것, 창조적인 것, 독특한 것, 의도적인 것들을 이해한다고 할 때 이것들은 역사의 실재를 표현하기에는 역부족이다. 인간이 실제 존재하는 차원, 혹은 그의 '세계'—살아가기 위한 인생관, 자기 실존의 이해, 인생의 기본적 문제에 봉착해서 답하는 방법들—는 인간의 딜레마를 내포하고 그를 아는 사람들이 그로부터 인지하는 의미, 그의 삶이 만들어내는 역사, 그의 삶이 나에게 대안으로 제시하는 실존의 가능성, 이런 모든 요소들이 역사를 이해하려는 시도의 핵심을 이루었다. '객관적이고 역사적인 방법으로 그의 전기를 재구성'함으로써 도달할 수 없는 것이 바로 '실제로 있었던 나사렛 예수'의 실재의 심층적 차원이다. 따라서 더 이상 '역사적 예수'의 두 가지 의미는 일치하지 않게 되었다.

19세기의 역사적 방법론이 역사의 실재를 깊이 있게 파고드는 데 실패하고 '역사적 예수'가 나사렛 예수를 온전히 드러내는 데 실패한 것이 분명해지면서 역사적 실재에 대한 심층적 의미를 추구하기 위하여 역사적 방법론 자체에 대한 연구가 필요하다는 사실을 인식했다. 그러나 그러한 방법론이 연구되고 적용되어서 결과를 산출할 때까지는 과학적이고 역사적인 재구성에 의한 방법론만이 19세기의 연구 방법론을 주도했다. 적어도 얼마 동안은 우리가 알 수 있는 '역사적 예수'라고는 실제의 나사렛 예수에 미치지 못하는 19세기 재구성으로 만들어진 것뿐이었다. 따라서 20세기 초반에는 온갖 결점에도 불구하고 19세기의 방법론을 사용한 재구성을 통해 '역사적 예수'에 대한 태도를 확립해야 했다.

이는 계몽주의 이후 시기인 근대에서조차 역사적 연구의 상대성을 인식하게 했다. 중세 역사가들이 주관적이었다는 표현은 그들이 기록한 모든 역사가 필연적으로 주관적이라는 것을 의미하지는 않는다. 그러나 객관적인 역사비평적 방법의 시대가 역사적으로 제한적이고 이 점에서 주관적이라고 말하는 것은 그들의 역사 기록이 획득할 수 있는 객관성과 종결성의 정도에 대하여 필연적으로 제한된다는 것을 의미한다. "우연적인 역사적 진리가 어떻게 영원한 합리적 진리의 증거로서 기능할 수 있는가?"라는 레싱(Lessing)의 오랜 숙제는 심지어 '역사적 진리'의 재구성이 '우연적'—역사적으로는 상대적—이라는 사실을 인식하면서 더 깊이 숙고되었다. 이 모든 것은 심리학과 문화 인류학, 자아의 기본적 역사성에 대한 실존주의 철학에 대한 지식이 점증하면서 이루어졌고 더 이상 역사적이고 상대적인 것들을 본질적으로 자연스럽고 변화 없는 합리적 자아의식에 있는 표면의 단순한 흠집처럼 즉각적으로 제거할 수 있다고 믿는 사람은 없었다. 역사가 스스로의 역사성에 대한 문제가 근본적인 문제로 대두되었다. 기독교 신앙의 확신들과 다르게, 예수의 실제적인 삶은 완전히 파악되거나 객관적으로 제시되고 어떤 시기라도 역사적 연구를 통해 확정적으로 발표될 수 없게 보였다. 여기에다 역사가의 주제가 하나님이라는 가정을 추가한다면, 객관적 역사 구성이라는 현실의 불가능성은 더욱 분명해진다. 따라서 리츨 학파가 기독교를 역사적으로 증명하려고 시도했던 것은 갑자기 어리석은 일이 되었다. 오늘날 낙관론적 역사주의의 지지자들이 '예수의 절대성'을 역사적으로 증명하려는 시도들을 부활시키려고 노력하는데 이는 너무 순진한 행동이 아닐 수 없다.

20세기 초반에 오직 19세기의 결점투성이 재구성에 의해 '역사적 예수'에 대한 태도를 정립하려고 한 이후, 두 번째 과정으로 '실제로 있었던 그대로의 나사렛 예수'와 '역사적 예수'라는 표현을 분리하려는 경향과 '역사적 예수'를 '사학자들의 과학적 방법을 통해서 나사렛 예수에 대하여 알 수 있게 된 사실'들을 의미하는 표현으로 이해하는 경향이 나타난 것은 놀랄 만한 일은 아니다. 그 분명한 함의는 '실제로 있었던 그대로의 나사렛 예수'는 '역사적 예수' 이상이거나 또는 매우 다른 것으로 여겨져야 한다는 것이었다.

이 용어가 다른 식으로 사용될 경우에는 충격적일 수 있는 진술 "우리는 역사적 예수에 대해서 거의 알 수가 없다"를 바르게 이해할 수 있는 것은 바로 이러한 의미에서다. 이것이 역사가들의 과학적 방법을 가지고는 나사렛 예수에 관하여 알 수 있는 것이 거의 없다는 사실을 의미한다면, 예수에 대한 현대적 전기가 거의 불가능하고 그러한 시각은 비록 역사가들의 정당한 논의의 주제라 하더라도 신자들에게는 문제가 되지 않는다. 왜냐하면 신자들이 가진 예수에 대한 지식은 역사가들의 연구에 의존하기보다는 그 스스로의 하나님 지식에 의존하기 때문이다. 이러한 연구는 사실 기독교 신앙이 뜨거웠던 시절에는 존재하지 않았다. 그와 같은 실정은 다른 진술에서 나타나는데 "기독교 신앙은 역사적 예수에는 관심이 없다"는 요즈음의 진술이 그것이다. 이 진술은 그리스도인들이 수세기에 걸쳐 '역사가들의 과학적 방법을 통해 알려진 나사렛 예수'에 관심이 없고 무시해 왔다는 것을 의미한다고 이해해도 무리가 아닐 것이다. 물론 이것이 기독교 신앙은 나사렛 예수에게 관심이 없다고 주장하기 위해서 사용될 수 있다고 생각하는 것은 옳지 않다.

B. 역사적 예수 탐구의 종결

'역사적 예수'라는 용어의 의미 변화에 대한 논의는 역사적 예수의 탐구를 종결지은 광범위한 이유 가운데 하나로 현대적 인간과 역사와의 관계에서 감지되는 기본적인 변화에 관심을 갖게 했다. 그러나 그 탐구가 불가능하고 부적절하다는 데 공감하는 예수 연구의 특별한 영역 안에서 진행 중인 실제적인 요인들이 있었다. 우리가 이제 살펴볼 것이 바로 예수 연구 영역 안에 있는 이 몇 가지 요인들이다.

종종 알베르트 슈바이처의 『역사적 예수 연구 Quest of the Historical Jesus』가 예수 연구의 여정에 종지부를 찍었다고 말한다. 그렇다고 이는 그의 책이 직접적으로 이 탐구를 종결짓게 했다는 의미로 받아들여서는 곤란하다. 의심할 여지없이 그의 책은 생각하기 위해서 잠시 쉬어가야 할 만큼 충분히 충격적이었다. 그러나 그가 제시한 주요 논의점들은 다만 역사적 예수 연구를 일시적으로 지연시켰을 뿐이다. "소위 19세기 전기들의 역사적 예수는 실제로 현대화되어서 예수는 현대 부르주아 계층의 사회적 체면과 신칸트주의적 도덕주의로 채색되었다." 그러나 슈바이처는 이 쟁점을 역사적 연구의 객관성에 대한 문제로까지 가져가는 급진성은 보이지 않았다. 그는 스스로 객관적이라고 생각하는 그 자신의 예수의 재구성을 제시하는데, 그가 그렇게 생각한 이유는 단지 그의 재구성된 예수가 그리스도의 모범적인 삶만을 그려내는 빅토리아주의(Victorianism)를 반영하지 않았기 때문이다. 또한 그의 통찰은 그와 선배 학자들이 쓰려고 했던 연대기적 전기를 위한 자료가 적합한지 여부를 의심하는 데까지 나아가지는 못했다. 대신 그는 이 점에서 브레데(Wrede)가 의심하던 것을 문제 삼지 않았고 자료들에 대한 19세기의 시각을 대변하는 마지막 학자가 되었다. 그의 관점에서 보면 현대화의 결과로 19세기 전기물들을 탐구 그 자체를 거부하는 것은 필요하지 않다고 생각했던 것 같다. 간단히 말해 처음에 가졌던 선입견이 학문적 연구 계획의 영원한 포기를 정당화할 수는 없었다.

슈바이처가 한 주장의 다른 요점은 실제 나사렛 예수는 사람들이 바꾸려고 노력했던 니케아 신경 속의 그리스도보다는 덜 현대적이라는 것이다. 그는 단순하게 예수가 유대 묵시문학의 절정에 서 있다고 지적한다. 이렇게 리츨 학파의 방법론을 증명하려고 한 최초의 탐구의 신학적 가치는 전복되었다. 슈바이처는 종말론에 거의 동감하지 않았고, 그 안에는 오늘을 위한 어떤 신학적 배아도 없다고 보았다. 그렇기 때문에 학계 내부로부터 그의 시도는 미숙하고 역사의 평가에 대하여 오해하고 있다는 평을 듣는다. 그는 심적으로는 리츨 학파로 남았고 결단코 예수의 종말론이 현대 신학의 중심이 되는 것을 보게 될 것이라는 기대는 꿈에서조차 하지 않았다. 왜냐하면 신학이 초기의 충격에서 벗어나 칼 바르트로부터 비롯된 움직임 안에서 내부적으로 종말론을 실존적으로 이해하는 법을 체득했기 때문이다. 이렇게 예수는 현대 신학의 핵심적인 부채가 되기보다는, 거의 모든 현대 신학으로 하여금 종말론과 긍정적인 관계를 맺도록 한 피할 수 없는 요인으로 작용하였다. 예수의 신학은 오늘날의 신학적 사고에 있어 결코 부적절하거나 의미가 없지 않다. 슈바이처의 가장 충격적 결론들 가운데 어떤 것도 한 세대 혹은 그 이전에 역사적 예수 탐구가 어떻게 종결되었는지와 관련하여 그렇게 충격적이지 않다는 것은 분명하다.

탐구의 포기 배후의 진짜 이유는 20세기 초반의 신약학계에 있었던 몇 가지 기본적인 변화에서 발견할 수 있다. 이 변화들은 19세기와 20세기 학계의 결정적인 차이를 형성하였고 역사적 예수 탐구의 불가능성과 부적합성을 암시했다. 앞으로 이 변화들을 살펴볼 것이다.

C. 자료 그리고 최초의 탐구의 '불가능성'

최초의 탐구의 **가능성**은 오래된 자료들을, 19세기 스스로가 그렇게 쓰고 싶어하던 객관적이고 실증주의적인 역사서와 같은 것으로 보는 시각에서 비롯되었다. 기본적인 재조정은 복음서가 학자들의 연구 산물이 아니라 초기 교회의 경건 문학이라는 것을 발견한 후였다. 이렇게 교회의 삶과 예배 속에서 예수에 관한 전승이 수행한 기능은 개별 이야기들과 말씀들의 형성에 있어서 그리고 복음서 자체의 형성에 있어서 조직 원리가 되었다. 구약학계에서는 이미 실용화되었던 이 통찰이 벨하우젠(Wellhausen)에 의해서 신약학계에 소개되었다. 복음서는 초기 교회의 역사를 위한 원자료이고 예수의 역사를 위해서는 2차적인 자료일 뿐이다. 따라서 각 전통이 발전되어가는 방향에 대한 이해를 위하여 전승의 삶의 정황(*Sitz im Leben*)이 우선 규명되어야 한다. 오직 이 동향을 읽어냄으로써만 전승의 가장 오래된 부분을 분리할 수 있고 교회의 가르침 안에서 제시되는 예수가 아닌 나사렛 예수에 대하여 말할 수 있게 된다. 이런 기본적 방법론의 통찰은 철저한 분석의 결과로 얻어졌다. 빌리암 브레데(William Wrede)는 마가복음이 객관성이나 현대 역사가들의 관심으로 쓰인 것이 아니라 '메시아 비밀'이라는 신학적 주제를 가지고 있던 신학자에 의해 기록되었다고 주장했다. 칼 슈미트(Karl Ludwig Schmidt)는 복음서 상의 사건의 순서는 자료에 나타난 예수의 공적 사역의 순서를 따르는 것이 아니라, 전혀 관계없는 이야기들과 말씀들, 경건의 목적으로 작성된 회상집들을 모으고 지리적으로나 시간적으로 구애받지 않은 채 주제에 따라 신학적으로 재배치하는 편집과정에서 생겨난 순서임을 역설했다. 그들의 주장에 대한 이견이 없기 때문에 그들의 주장은 현대 신학계에서도 비중 있는 가설로 받아들여야 한다.

종종 양식비평(form criticism)의 태동으로 독일에서 최초의 탐구가 좌절되었다고 생각하기도 한다. 그리고 양식비평이 영어권 학계에서는 큰 호응을 얻지 못했기 때문에, 그곳에서는 최초의 탐구가 별 문제 없이 순탄하게 지속되었으리라 추측한다. 그러나 그 추측은 틀렸다. 양식비평이 원인이 아니라 오히려 양식비평 이전에 있던 혁명이 주요 원인이었다. 양식비평은 그 혁명으로부터 생긴 통찰들을 보완하기 위한 시도였고, 통찰들 자체는 너무 기본적이어서 양식비평을 통해 지속되어야 할지의 여부를 점검받아야 했다.

양식비평가들은 복음서의 삶의 정황(Sitz im Leben)을 규명하는 유일한 방법은 장르에 따라 자료를 분류하고, 규명된 자료들이 교회의 삶 속에서 어떻게 기능하였는지를 알아보는 것이라고 생각했다. 이 과정은 방법론적으로는 문제가 없으나 실제로는 최종적인 결론을 얻는 데는 실패했다. 주된 이유는 많은 전승의 구조들이 유사하고 교회의 삶의 자리에서 기능과 장르적 성향의 관계를 규명하기가 쉽지 않기 때문이다. 따라서 양식 비평가들은 복음서 전통의 역사성을 논의할 때 그들의 방법론은 기껏해야 간접적으로나 도움이 되고 양식비평이 필수적이라기보다는 그들의 일반적인 연구 방향만이 참고할 만하다고 결론 내렸다. 이렇게 자료의 역사성에 대한 시각은 알베르트의 보수적 시각부터 중간적 입장의 디벨리우스, 극단적인 입장의 불트만까지 다채롭다. 미결의 양식비평의 기능에 대한 논의의 두 번째 결과는 독일에서조차도 복음서 연구에 있어 '양식'이라는 용어가 사용되고 있지 않다는 것이다. 혹자는 복음서 전승에 적용된 양식비평이 대부분 구태의연한 방법론이 되었다고 말한다. 그러나 양식비평이 표명한 복음서와 관련한 기본적 방향이 20세기 학계에도 지속되고 있다는 것을 보면 놀랍기까지 하다.

이것은 바로 예수에 관한 **모든** 전승이 초기 교회의 예배와 삶 속에서 어떠한 기능을 담당했기 때문에 보존될 수 있었다는 것을 의미한다. 역사는 오직 케리그마로서 존재했다. 우리가 복음서 안에서 실제적인 요소들과 신학적 해석들의 관계에 관한 학자의 입장을 반박할 수 있던 것도 바로 이러한 통찰 때문이다. 19세기는 피할 수 없이 분명한 '교리적 윤색'—바울주의나 기적 보도들을 지칭—을 제외하고 공관복음의 상세한 역사성을 논의했다고 한다면, 20세기는 복음서의 케리그마적인 본성을 전제하고 교회의 삶 안에서 설명될 수 없는 기원을 가진 전승에 대해서만 역사성을 주장할 수 있다는 자신감을 보였다. 19세기에는 학자들이 역사적 전승으로부터 신학적 첨가들을 구분해 내야 하는 짐을 졌고 20세기는 초기 교회의 예전서에서 객관적인 실제의 자료들을 분리해야 하는 짐을 지게 되었다. 그 결과 그 짐은 탐구의 가능성을 주장하는 사람에게로 옮겨졌다. 이러한 상황이 필연적으로 그러한 탐구 자체가 불가능하다는 추론을 요구하지는 않는다. 그러나 다만 그런 입장이 학자의 관점에서 가장 '안전하고' 방어하기 쉽다는 것은 설명해 줄 수 있을 것이다.

D. 케리그마와 최초의 탐구의 '부적합성'

만약 탐구의 불가능성에 대한 고찰들을 한마디로 요약한다면, 복음서의 중심에서 케리그마를 발견한 것이라고 말할 수 있다. 여기에서 탐구에 종언을 고한 모든 요소들을 통합하는 결론에 도달하게 된다. 케리그마의 발견은 사실 이제까지 말한 것보다 우리의 문제에 대해 더욱 지대한 영향력을 행사한다. 케리그마는 점차로 복음서의 핵심일 뿐 아니라 초기 기독교의 핵심으로 인식되었다. 더욱이 오늘날 우리의 신학계에서 '역사적 예수'를 대체하는 주제로 부상하였다. 초기의 탐구의 **적합성**을 문제 삼게 된 요인은 바로 초기 기독교 이해의 핵심으로 그리고 현대 신학의 규범적인 입장으로 떠오른 케리그마의 발견이다. 역사적 예수의 문제에 있어 케리그마의 역할에 대한 것은 여전히 연구되어야 할 과제로 남아 있다.

19세기의 역사에 대한 입장을 의미심장한 '역사적 예수'라는 표현에서 찾을 수 있다면 20세기는 케리그마 안에서 역사에 대한 접근 방식을 감지할 수 있다. 우리는 이미 역사를 단순히 과거의 사실들로만 구성된 어떤 것이라는 이해에서 심오한 의도와 입장들 그리고 과거의 인간이 외부적인 행동을 하게 했던 동인으로 가지고 있던 실존에 대한 개념들에 집중하는 역사 이해로 전이되었음을 보았다. 따라서 역사적 방법론은 '원래 있던 상태(wie es eigentlich gewesen)' 그대로 과거를 기록하려는 집착으로부터 벗어났다. 예를 들어 시간상으로 객관적으로 분리 가능한 것들을 분류하고 우연적인 관계들을 분류하는 것에서 벗어났다. 역사가들의 소임은 과거의 한 인물의 자의식에 이입하여 그 인물의 세계관과 의도를 문제 삼고, 혹은 수정하거나 극단적으로 전복시킴으로서 과거가 지닌 깊은 의도를 파악하는 것으로 생각되기에 이르렀다. 이제 케리그마는 예수에 대한 더 깊은 이해를 추구하기 때문에 형식상 이 새로운 역사가의 소임에 대한 주장과 유사하다. 그러므로 예수의 외적 사건만으로 구성된 전기가 아닌 케리그마는 예수의 의미를 이해하기 위한 주된 역사적 자료로서 인식되었다. 물론 이것이 역사가들이 당연하게 케리그마를 예수의 의미에 대한 바른 해석으로 인정했다는 것을 의미하지는 않는다. 다른 해석들과 같이 케리그마는 비평적인 연구를 통해 재검증되어야 하기 때문이다. 그러나 우리가 케리그마화된 복음서가 역사가들의 객관성과 양립할 수 없다는 결론을 넘어서, 복음서도 자체적으로도 현대 역사가들이 그들의 방식으로 진행한 것과 같은 과정을 포함하고 있다는 사실을 자각하기에 이르렀다.

케리그마는 현재의 역사에 대한 시각과 역사 기록 사이에 **화해**를 조성하였던 것처럼, 20세기 재구성된 초기 기독교와 조직신학적인 통찰들을 조화시키는 요인을 제공하였다. 이것은 20세기에 신약학계의 연구와 조직신학적 연구의 간학문적 노력들을 연구해 보면 분명해진다. 윤리적 이상주의 차원에서 하나님을 이해하고 예수는 바로 그 이상을 구현한 역사적 존재라고 이해하는 리츨 학파를 추종하던 구세대와 함께 20세기를 맞이했다. 그러나 리츨 학파는 이미 윤리적 행동보다 제의 경험을 중시하고 초기 기독교를 산상수훈의 예수보다 그리스 종교의 제의 안에서 발견되는 죽고 부활하는 신으로부터 착안한 역사적 재구성의 결과라고 보는 종교사학파(*Religionsgeschichtliche Schule*)에 의해 밀려나기 시작했다. 이 학파는 자신의 신학적이고 역사적 입장을 결합하여 기독교는 역사적 예수의 윤리적 경험이 아니라 죽고 부활하는 신의 신비적인 체험에 기초한다고 진술한다. 그리스도 주는 기독교의 제의적 상징이라고 할 때 그 상징의 역사적 기원과 관련한 문제들을 연구하는 사람에게는 크나큰 오류의 예가 된다. 역사적 예수와의 관계도 마찬가지이다.

　세계대전을 거치면서 종교사학파는 시들어 들었고 그 역사적 재구성은 보다 더 신학적 방향으로 변형되었다. 따라서 비교종교학적인 접근을 통해 초기 기독교가 죽고 부활하는 신성에 근거하고 있다는 주장은 다드(C. H. Dodd)와 같은 학자에 의해 최초의 케리그마의 중심에 그리스도의 죽음과 부활이 있었다는 주장으로 변화되었다. 그리고 바르트주의자들의 영향으로 루돌프 오토(Rudolf Otto)의 떨림(*tremendum*)과 환상(*fascinans*)의 '성스러운(numinous)' 체험은 심판과 은혜, 예수의 죽음과 부활의 선포에 실존적으로 반응하는 것을 의미하는 것으로 이해되었다. 이렇게 케리그마는 메시지의 내용이며 동시에 선포의 행동으로서 인식되었다.

　이 용어의 두 가지 차원은 각각 초기 기독교의 역사적 재구성과 신학의 규범적 중심을 이루는 데 영향을 미쳤기 때문에 케리그마라는 용어가 현

시대에 있어서는 통합적 요인을 의미하기에 이르렀다. 역사적으로 말하면 초기 기독교 선포의 핵심 내용은 십자가의 구원 사건과 부활 안에 나타난 하나님의 종말론적 행동이라 할 수 있고, 신학적으로는, 케리그마에 의해 선포된 구원 사건은 케리그마의 선포를 통해 반복되면서 구원 사건이 종말론적임을 보여 준다고 말할 수 있다. 예수의 죽음과 부활의 선포는 나로 하여금 나의 죽음을 받아들이고 부활의 삶을 수혜받도록 초청하는 하나님의 행동이 된다. 그리스도 안에서 이루신 하나님의 과거 역사에 대한 증언들을 믿는 것은 현재 나의 삶 속에서 발생하는 신적 행동과 공명한다. 역사 안에서 하나님의 행동의 통일성과 궁극적인 삼위일체 하나님의 유의미성은 바로 여기에 있다. 이렇게 과거 사건에 대한 증언으로서 또한 현재에 경험되는 사건으로서 케리그마는 초기 기독교와 현대 신학에서 공히 중심에 있다. 바로 19세기 역사적 예수가 신학계를 휩쓴 것처럼 20세기에 케리그마가 신학계 전반을 휩쓸게 된 것이 바로 이런 이유에서이다.

역사가들이 복음서의 가운데서 케리그마를 찾아낸 것은 심층적 의미를 추구하는 지금의 역사 기록을 위한 시각과 외형적으로 유사한 점이 많다. 이 점이 바로 19세기에 추구했던 역사적 예수에 대한 탐구가 성공**할 수 없을** 뿐더러 복음서의 의도나 현대 역사 기술의 목적에도 부합하지 않는다는 시각을 형성하였다. 케리그마가 지금의 종교적 경험에 대한 이해에 있어 규범적인 모델을 제공한다는 신학자들의 자각은 현대의 실존 이해와 유사한 점이 많다. 그래서 19세기 수행되던 그런 식의 탐구는 성공하지 않았어야 했다고 결론 내리는 결정적인 자극이 되었다.

기독교는 '현재의 악한 세대'를 훼파하고 이미 현재라는 존재의 지평에 다다른 '오는 세대'에 실존적으로 투신하라고 촉구하는 종말론적 케리그마와 함께 시작되었다(마 4:17; 롬 12:2). 이 세상에 대한 하나님의 심판은 곧 나를 향한 심판으로 받아들여져야 하지만 현재의 악한 세대를 침투하여 파괴하는 하나님의 나라는 내 삶에 주어진 하나님의 은혜로 이해되어야 한다. 그렇게 케리그마는 삶이 내포하는 죽음을 선포하고 예수 안에서 성육하여, 예수 고유의 종말론적 메시지가 교회의 기독론적 케리그마로 변화될 수 있도록 하였다. 생명을 가진 죽음은 다름 아닌 예수의 죽음이며 그와 함께 죽고, 다시 살 때만이 의미가 있는 것이다. 이것은 가장 초기의 제자들에게 있어 사회의 권력 구조를 무너뜨림으로써 이루어지는 생존을 위한 노력들을 기본적으로 포기하는 것을 의미했다. 선택받은 사람들로서의 특권 의식, 거룩한 전통이 주는 안위, 이미 정착된 종교적 기관들 그리고 사제들, 이 모든 것은 사람들에 의해 통제되고 자신들의 안녕을 위해 도모된 것들이기 때문에 근본적으로 포기해야 했다. 유대교의 '육신에 대한 확신'은 하나님에 대항하는 종교적 인간(homo religiosus)의 기본적 반항으로 드러났다(빌 3장; 롬 10:3). 인간은 자기 존재를 자신의 통제를 넘어서는 것 위에 그리고 오로지 하나님의 선물로서만 얻을 수 있는 것(ubi et quando visum est deo) 위에 세워야 한다. 즉 기본적으로 미래적인 것에 의하여 초월적인 세계에, 그리고 종말론적인 기적 곧 초월의 선물로서만 현재인 세계에 기초해야 한다. 그리스도를 통하여 우리를 하나님과 이어주는 현재의 종교 체험의 유형으로서 '믿음'은 그 본성에 있어서 인간의 통제에 의해 조성되는 세상적인 안녕을 제공하는 '현재의 악한 세대' 위에 세워질 수 없다. 정의상 '믿음'은 죽음 안에 주어진 생명이고 따라서 그 기초는 우리의 통제권 밖에 있는 것이다. 믿음은 바로 미래를 살아내는 것이고, 바로 '믿음의 행동'이다.

이제 객관적인 역사적 방법에 의해 쓰인 예수의 전기를 재구성함으로써 만들어진 '역사적 예수'는 단지 인간의 실존을 인간의 통제와 재량에 맡겨버리는 행동임이 분명해졌다. 역사적 예수는 바울의 시대에 유대인들이 율법에 호소한 것처럼 종교적 인간이 하나님 앞에서 자기 충족적이 되기 위하여 노력함으로써 만들어진 세상적인 보호 장치일 뿐이다. 케리그마는 예수의 의미에 실존적으로 투신할 것을 요구하는 반면 최초의 탐구는 '믿음'에 대한 객관적인 증거들을 제공함으로 믿음에 닥칠 위험을 피해 보려 했던 것이다. 믿음에 앞서는 구원 사건의 객관적인 적합성을 묻는 것은 분노하는 기독교에 오히려 화를 내는 격이고 안전성으로 도피하는 불신앙적 행위를 영속화하는 격이다. 즉, 믿음의 의미가 왜곡되어 전도되었다. 왜냐하면 믿음은 행함으로 얻는 의 같은 세상적 안위를 거부하는 행동을 포함하기 때문이다. 이렇게 학자들은 최초의 탐구의 근거인 '역사주의'와 '심리주의'의 세속성을 인식하기 시작했다. 이 점에서 최초의 탐구는 신학적으로 부적합하다는 비판을 받았다.

최초의 탐구에 대한 신학적 평가에 있어 이런 극단적인 전향을 기록한 고전적인 문서는 1923년에 있었던 하르낙과 바르트의 논쟁에 관한 기록이다. 하르낙에게 '복음의 내용'은 성서의 역사적 모호성으로부터 분리되어 '역사적 지식과 비평적 반성'의 작업을 통해 이성적으로 인식할 수 있는 개념들로 이루어진 것이다. 복음서에 대한 이런 합리주의적 연구는 예수에 관한 지식을 얻으려 하는 신자들에도 적용이 되었다. "만약 예수 그리스도의 인격이 복음서의 중심이라면, 그리고 한껏 부풀려진 그리스도를 실제적인 인물로 연구하고자 한다면 비평적이고 역사적 연구를 통하지 않고 어떻게 그 인격에 대한 신뢰할 만하고 공동체 중심적인 근거들을 얻을 수 있겠는가? 그러나 이 연구가 전문적인 신학적 작업을 제외하고 어떻게 이루어지겠는가?" 이에 대하여 바르트는 "**복음**의 중심으로서 예수 그리스도의 인격에 대한 지식의 신뢰성과 공동체적인 본성은 하나님께서 일깨워 주신 **믿음**의 신뢰성과 공동체적 본성에 다름 아니다. 비평적인 역사적 연구는 하나님께서 주신 것이 아니므로 진정한 기초일 수 없는 지식들에 근거하여 수행된 것은 당연하고 필연적인 결과이다. 우리가 그리스도를 더 이상 육체에 따라 아는 것이 아니라는 사실을 모르는 사람은 그것을 비평적인 성서학의 도움으로 배울 수 있을 것이다. 그가 극단적으로 충격을 받으면 받을수록 그에게도 그리고 그에게 충격을 준 원인에도 도움이 된다. 이것이 아마도 '역사적 지식'이 신학의 실제 과업을 위해서 일조할 수 있는 부분일 것이다." 바르트의 기본적 입장에서 '신학의 주제'는 사상사 속에서 얻게 된 어떤 개념이 아니라 '하나님의 계시'이다. 따라서 역사비평적 연구의 근본적인 역할이 하르낙이 생각했던 것과는 사뭇 다르다. "물론 역사적 지식은 '복음의 내용'의 전달은 적어도 그 고유의 진술에 따라 '내용'만을 전달함으로써도 이루어질 수 있다고 말할지도 모른다. '비평적 반성'은 복음서의 진술이 하나님과 인간의 관계의 본성에 근거하고 있고 따라서 신중하게 고려해야 한다는 결론에 도달하게 한다." 불트만은 급격하게 자유주의에서 바르트의 입장으로 선회하였고 신학적인 이유로 최초의 탐구의 포기는 점차로 현대 신학의 상식이 되어버렸다.

부적합성을 이유로 최초의 탐구를 포기하게 한 신학적 고찰들은 외형적으로는 우리 시대의 일반적인 실존주의적 사유와 비슷하다. 실존주의는 보통 한 개인의 역사성이 가지는 '공포스런 자유'에서 벗어나려 하고 매우 합리적인 생각이지만 인간 본성에서 안정성을 찾으려 노력하는 인간을 진정한 실존으로 생각하지 않는다. 개인은 특별하고 우주의 법칙 아래 평안히 있는 존재이다. 진정하지 못한 실존은 순응주의, 무리를 지으려는 본능, 객관적으로 참고할 수 있고 통제 가능한 전통 위에 삶을 세우는 인간이다. 이렇게 최초의 탐구는 진정하지 못한 존재를 향해 나아가려는 성향을 도왔던 한 가지 방법일 뿐이었다.

실존주의에서 말하는 대로 진정한 존재는 종말론적 존재와 실질적으로 같다는 것이 아니다. 다만 외형적 유사점이 있을 뿐이다. 두 가지 관점 모두 진정한 존재는 투신(commitment, 헌신)으로 만들어지는 자의식과의 지속적인 관여(*engagement*, 앙가주망)로 이루어진다. 투신의 본질은 파우스트와 예수의 경우처럼 다양하다. 인간이 관여하는 '세계'는 '현재의 악한 세대'와 하나님의 왕국이 관여하는 만큼 극단적으로 다를 수 있다. 외형적 유사가 실체에도 적용되는 경우는 오직 한 가지이다. 투신이나 참여가 없는 기독교 신앙은 속세적인 시온의 기독교 왕국이 되고 죽어버린 정통주의, 회칠한 무덤이며 울리는 꽹과리가 되어 실제로 기독교 신앙이기를 포기한 것이다. 이 세상의 관점에서 역할이 규정된 예수는 더 이상 이 세계를 초월하는 종말론적 메시아는 아니다.

기독교에서의 존재와 실존주의 사이의 표면적 유사점은 신학적으로 부적합한 '역사주의'의 다른 측면으로 우리의 주위를 돌렸다. 때때로 역사비평학자들은 그들의 객관적 방법론을 그들이 연구하고 있는 역사와 실존적인 대면을 피하는 데까지 절대화시키기도 했다. 그러나 실존주의는 인간은 그가 생활하는 '세계'에서 자기의 위태한 전 자아를 부여잡고 관여해야 한다고 주장한다. 그리고 케리그마는 예수의 인격과 전 존재적인 대면을 요구한다. 그곳에서 자아는 결단의 자리에 놓이게 된다. 따라서 학문적 성과라고 하는 것이 결국은 예수에 관한 역사적인 사실들이―비록 그것들이 감정을 움직이고 의식을 일깨우고 이성을 자극할 수는 있겠지만―인간을 결단의 자리에 데려가지 못한다는 점에서 부적합하다고 할 수 있다. 이 통찰이 결코 철저하고 정확한 연구의 역할을 과소평가하는 것은 아니다. 다만 역사가들의 개인적 진정성은 점점 좁혀가는 특수화 속에서 발견될 수 없다는 것이다. 오히려 이것이 한 연구가 실존적으로 무의미하게 되었을 때 빠져나갈 구멍처럼 인식되었다. 이렇게 20세기에 접어들면서 예수의 역사적 연구가 취했던 두 가지 형태는―역사적으로 예수의 절대성을 증명하고 그의 고유한 존재 이해를 통해 궁극적으로 예수는 자신에 대하여 관심 갖지 않았다는 사실을 증명하려 했던 것은―부적절하다는 결론을 얻게

되었다. 이렇게 다양한 이유로 오늘날의 신학적, 역사적 고찰들이 더해져
역사적 예수의 탐구를 종결하게 된 것이다.

제3장 새로운 탐구의 가능성

케리그마의 발견으로 우리가 역사적 예수 탐구를 계속할 수 없게 되었다고 한다면, 이 문제에 대한 재평가는 반드시 두 가지 점을 고려해야 한다. 첫째로 우리가 역사적 예수 탐구를 재개**할 수 있는가** 하는 것이다.

A. 케리그마의 '역사적인 면'?

역사적 예수 탐구를 중단하게 한 케리그마의 결정적인 역할에 대해 강조하면 할수록 우리는 케리그마 역시 예수의 공생애 같은 예수의 생애에 대해 상응하는 어떤 것을 가지고 있다는 사실을 일깨운 C. H. 다드의 논의를 생각하지 않을 수 없다. 그러나 그가 자신 있게 제시한 이론은 케리그마와 역사적 예수 탐구를 조화시키려는 노력에 내재한 어려움들을 보여 주는 데 그쳤다.

무엇보다도 다드는 케리그마가 오늘날 신학에서 그 권위를 획득한 것이 단순히 사상사적인 위치로부터가 아니라, 예수의 죽음 안에서 내가 이미 심판을 받았고 예수의 부활을 통해 은혜로 살게 되었다는 것을 믿는 신앙을 요구하는 실존론적 기능으로부터라는 사실을 간과하였다. 비록 역사적으로 선행한 케리그마가 그리스의 혼합주의적인 신화적 모티브를 가지고 있기도 한 것처럼 예수의 전기에 대한 세세한 기록을 포함하고 있다 하더라도, 종말론적 사건으로서의 케리그마는 원래 작용하였던 사고 패턴을 우리에게 강요하지는 않는다. 다드의 접근이 성공하려면 예수의 생애에 관한 정보가 '아디아포라(adiaphora, 비본질적인 것)'의 한 부분이 아니라는 사실을 보여 주어야 한다. 다시 말하면, 생애에 대한 정보가 성육신을 강조하기 위해 포함된 많은 것들 가운데 하나가 아니라, 종말론적 사건으로서 케리그마의 실존주의적 의미를 전달하기 위해서 필수불가결하다는 것 말이다. 이 작업은 사도행전을 제외하면 케리그마는 거의 전기적 사실들을 결여하고 있고, 사도행전 안에서도 언급된 사실들이 설교마다 다르기 때문에 어려움이 있다.

다드가 케리그마와 역사적 탐구를 조화시키려는 시도의 두 번째 오류는 '케리그마의 역사적인 측면'을 실제로 초기 기독교를 특징짓는 역사에 대한 신학적 접근을 통해 해석하려 하지 않고 낙관적인 역사관을 가지고 해석하려 한 데서 비롯된다. 다드는 '예수의 생애에 대한 역사적 사실들'과 '예수의 사역에 관한 사실들을 종합'한 것이 케리그마의 '역사적인 부분'을 형성한다고 보았기 때문에 많은 독자들이 케리그마가 역사가들이 생각하는 것처럼 객관적으로 검증된 '자료'와 깊은 관련이 있다는 가정에 현혹되었다. 우선 이 말은 사도행전 외의 케리그마를 담은 텍스트에서는 사실 보도가 전무하다는 말은 하지 않고, 사도행전의 설교 가운데서 도출한 빈약한 사실 보도를 가지고 실제로 확인된 '정보'보다 더 진실에 가깝다고 주장하는 것이다. 그러나 더 중요한 것은 케리그마의 '역사적인 부분'이 초기 그리스도인들의 삶의 정황(Sitz im Leben)안에서 해석되기보다 역사가들의 삶의 정황을 통해 해석되어졌다는 사실이다. 케리그마 안에서의 예수의 겸손과 온유함, 신실, 사랑, 용서와 순종은 역사적 예수에 대한 기억으로부터 파생되었을지도 모른다. 그러나 그러한 자료들이 가지고 있는 '역사적 가치'는, 불트만이 정확하게 지적한 대로 케리그마 안에서 선존재의 중요성을 암시하는 언어들에서 찾게 되는 케리그마의 실제 의미와는 거리가 있다. "역사적 인격, 예수는 개인적인 동정이나 사랑이 아니라 그의 안에 역사하시는 하나님에 의해 우리를 위해 희생하셨다. 왜냐하면 하나님께서는 예수를 죄인 된 우리를 위하여 죽게 하심으로 우리에게 대한 사랑을 확증하셨기 때문이다(롬 5:6-8)."

'케리그마의 역사적인 부분'의 원래적인 역할을 살펴보기 위해서는 케리그마적인 찬송인 빌립보서 2장 6-11절을 읽어보면 된다.

I

6절 그는 근본 하나님의 본체시나 하나님과 동등됨을 취할 것으로 여기지
    아니하시고

7절 오히려 자기를 비워 종의 형체를 가지사

II

    사람들과 같이 되셨고

8절 사람의 모양으로 나타나사 자기를 낮추시고

    죽기까지 복종하셨으니(곧 십자가에 죽으심이라)

III

9절 이러므로 하나님이 그를 지극히 높여

    모든 이름 위에 뛰어난 이름을 주사

10절 (하늘에 있는 자들과 땅에 있는 자들과 땅 아래 있는 자들로)

    모든 무릎을 예수의 이름에 꿇게 하시고

11절 모든 입으로 예수 그리스도를 주라 시인하여

(하나님 아버지께 영광을 돌리게 하셨느니라)

비록 예수의 생애에 대한 어떠한 정보도 담지하고 있지 않지만 그의 비하는 고양의 전제 조건으로 강조되고 있다. '케리그마의 역사적인 부분'이 케리그마를 객관적으로 명백한 '표지'로 정당화하려는 시도를 막는 것은 바로 이러한 비하의 의미이다. 예수가 그러한 정당화시키는 표지들에 대한 주장을 거부했을 뿐만 아니라, 바울도 명백하게 케리그마의 실존론적 의미에 내포된 그런 표지들을 거부했다(고전 1:17-25). 따라서 종종 역사적 사실들에 대한 보도가 '케리그마의 역사적인 부분'으로 소개될 때, 그 소개의 참된 의미는 낙관주의적인 역사 기술의 차원으로 이해되어서는 안 된다. 오히려 복음서에 대한 케리그마적 접근과 현대 역사적 예수 탐구의 표준적인 기초들을 세우기 위해서는 이 과정 속에서 실제로 작용하는 본래의 케리그마의 의미를 추적해야 한다.

빌립보서 2장 6-11절의 찬송에서 선재에 대한 1연과 모호한 역사적 존재로서 의미가 충만하게 고양된 존재를 노래하는 3연 사이에 위치한 2연은 가능한 한 낮은 자리에 선 예수의 지상의 생애를 표현하고 있다. 말하자면 선재와 고양이 시간적으로는 생애와 분리된다 하더라도 생애의 기원과 종말을 드러내 준다. 이것이 바로 생애의 의미를 표현하는 한 방법인 것이다. 이 방법은 빌립보서와 같이 '선재-비하-고양' 형태의 텍스트(골 1:15-20; 히 1:2이하; 고후 8:9; 롬 10:6-9; 고전 8:6)뿐 아니라 '비하-고양' 형태의 케리그마 텍스트(롬 1:3-4; 딤전 3:16; 벧전 3:18후)에서 가장 흔하게 사용되었다. 비록 '역사적 부분'이나 비하가 어떤 케리그마 텍스트에서는 발견되지 않지만 영지주의적 영향으로 그 원래 의미를 잃었을 뿐 그 원래 의도는 예수의 역사성 혹은 비하의 의미성을 강조하려는 것이다.

따라서 '케리그마의 역사적인 부분' 속으로 역사적 상세함을 도입하는 것은 오직 고통 중에 영광이 있고 죽음 안에 삶이 있으며 심판에서 은혜를 발견하는 케리그마의 메시지를 증거하는 한 가지 중요한 방법으로서만 의미가 있다. 케리그마는 '역사적인 부분' **바깥의** 고양을 표현함으로서 '비하 속에서 발견하는 고양'을 묘사하고 있지만, 때로는 비하와 고양을 포개어 놓아서 삶이 죽음 **안에서**, 영광이 고통 **가운데서**, 은혜가 심판 **안에서**, 고양이 비하 **가운데**, 부활의 영광이 '역사적인 부분' **가운데서** 가시화된다. 본래 이 역설의 한 면인 비하를 드러내기 위해 사용된 '육적인' 예수에 대한 진술은 역설의 양면을 아울러 표현하는 것이다. "육체로 죽음을 당한 것"(벧전 3:18)이 "육신으로 나타나게 된 것"(딤전 3:16)이다. '육체를 따른' 예수의 이 세상에서의 기원에 대한 진술은 '영에 따른' 다른 세계 기원에 관한 진술이 뒤따르며, 이 세상에서 예수의 메시아의 혈통에 대한 암시(롬 1:3; 9:5; Ignatius, *Smyrn.* Ⅰ.Ⅰ.)를 포함하기 때문에 역설의 양면이 '역사적인 부분' 안에 이미 표현되어 있다고 말할 수 있다. 예수의 이 세상적인 기원을 나타내는 또 다른 표현으로 "여자에게 나게 하셨다"(갈 4:4)가 있다. 이 역시 "처녀에게 나시고"(Ignatius, *Smyrn.* Ⅰ.Ⅰ.; Justin, *Dial.* 85:2; *Apol.* 31:7; 32:14)라는 표현 속에서 역설의 양면을 표현한다.

케리그마 전통 안에서 이런 경향은 복음서를 쓰는 데까지 나아갔다. 이는 요한복음에서 두드러진다. 요한복음은 다른 복음서에 비해 보다 자의식적이고 분명하게 케리그마와 관련해서 예수를 언급한다. 그렇기 때문에 요한복음이 선재와 고양의 영광을 '역사적 부분'과 포개어 놓은 사실을 보고 놀라서는 안 된다. 선재의 영광은 **여전히** 지상의 생애 속에서 빛난다. "말씀이 육신이 되어 우리 가운데 거하시매 우리가 그의 영광을 보니"(요 1:14). 그리고 고양의 영광도 **이미** 지상의 생애 속에 있다. 십자가는 이미 예수의 **영광**(요 7:39; 12:16; 13:31; 17:1, 5)이고 고양(요 3:14; 12:32-34)이다. 이와 유사하게 공관복음 전통도 비하 속에 고양을 담았는데 가장 분명한 것은 변화 사건 속에서이고, 예수의 기적과 놀라운 가르침, 논쟁에서의 승리 속에서 만나게 된다. 사도행전의 설교들처럼 여기서도 역사 속에서 신성을 노래하는 다양한 유대적, 헬라적 양식 때문에 '케리그마'에서 '내러티브'로의 변형을 통해서 유지되고 있는 케리그마의 의미에 관하여 오해를 해서는 안 된다. 케리그마처럼 내러티브에서도 우리는 비하 가운데서의 고양, 죽음 안에서의 삶, 현재의 악의 세계 속에서의 하나님 나라, 역사 속에서의 종말론과 같은 역설을 만난다. '역사적인 부분'의 케리그마적인 의미는 문학적 양식으로서 복음서를 구성한다. 이것은 마가복음의 '메시아 비밀'에서 분명히 나타나며 복음서를 '긴 서론을 가진 수난 내러티브'로 정의하는 현대의 표현에서도 발견된다.

케리그마와 복음서에 내재한 역설은 역사가들의 객관적인 확증의 너머에 있다. 그렇기 때문에 케리그마도 복음서도 우리가 역사적 예수 탐구에 낙관적으로 접근할 수 있는 여지를 제공하지 못한다.

예수의 역사성이나 비하에 대한 케리그마의 관심을 19세기 역사서의 차원에서 오해했을 때, 사람들이 케리그마 속에서 역사 기술의 성취를 이루기 위해 노력한 것은 놀랄 일이 아니다. 다드는 케리그마 속에서 공적 사역의 연대기를 찾아보려는 시도를 함으로써 이를 증명했다. 이 시도의 실패는 결국 케리그마를 위한 예수의 역사성의 기본적인 의미를 오해했다는 것을 보여 주었다. 사도행전을 제외하면 케리그마 텍스트에서 공적 사역에 대한 사실을 찾을 수가 없었다. 사도행전의 설교에서조차도 공적 사역에 대한 몇 가지 사실들이 있기는 하지만 연대기적 정보를 얻을 수는 없다. 우리는 사도행전 10장 37절과 13장 24절 전반절을 통해서 세례 요한에게서 공적 사역이 시작되었고, 이는 십자가에서의 죽음에 선행한다는 사실을 추론할 수 있다. 그러나 누구나 시작이 끝보다 앞선다는 선험적 지식을 갖고 있기 때문에 이런 요소는 빌립보서 2장 6-11절의 찬송 속에서 추론할 수 있는 성육이 죽음에 선행한다는 것보다 더 의미 있는 연대기적 정보나 관심을 줄 수 없다. 사도행전의 두 설교문 속에서도 공적 사역의 다양한 요소들이 보이지만 연대기적 순서는 발견할 수 없다. 2장 22절의 "권능과 기사와 표적"은 공적 사역에서 수행한 각각 다른 것들을 순서대로 배열한 것이 아니다. 이 '순서'는 바로 앞에서 인용된 요엘 2장 28-32절에 나오는 예언과의 병행이다. 사도행전 10장 38절은 예수께서 "선한 일을 행하시고 마귀에 눌린 모든 사람을 고치셨으니 이는 하나님이 함께 하셨음이라"고 기록한다. 누가의 정형문인 이 구절은 어떤 연대기적 순서를 반영하는 것이 아니다. 우리는 '선한 일을 행한 것'은 '마귀에 눌린 모든 사람을 고친 것'에 선행한다고 생각한다. 만약 그렇다면 마가의 순서가 역전되는 결과에 직면한다.

케리그마가 공적 사역에 대한 연대기적 정보를 담고 있지 않다는 사실은 케리그마가 다드가 생각했던 것과는 다른 종류의 역사성에 관심을 가졌다는 충분한 증거가 된다. 그러나 다드는 그의 논리에 따라 실제로 공적 사역의 케리그마적인 연대기를 제시했고 이는 그의 학문적 공헌이라 할 수 있다. 그는 마가의 순서가 연대기적이 아니라는 칼 슈미트의 주장에 반박하기 위하여 쓴 책 가운데 하나인 『복음서 내러티브의 구조 *The Framework of the Gospel*』에서 비교적 자세하게 다루었다. 슈미트와 몇몇 학자들은 마가복음에서 내러티브와 결합한 일반화되어 있는 요약물('*Sammelberichte*')에 주의를 환기시켰다. 다드는 모든 요약물을 연속적인 텍스트 속에 결합시키고 이것을 공적 사역의 케리그마적인 연대기라고 정의한다. 비록 이러한 시도가 독창적이라 할지라도 일련의 불가능한 대안들을 상정해서 구성한 조작물이기 때문에 의미가 없다.

우선 다양한 '요약물'이 마가복음에서 보이는 순서처럼 연속적인 개요에 따라 구성되었다고 추론했음이 분명하다. 그러나 그 같은 형태를 따라

배부된 '원자료'에 대한 어떠한 증거도 없으며 다드는 자신의 논리에 따라 재구성을 하면서 부합되지 않는 '요약물'을 생략하기도 했다. 따라서 사람들은 재구성된 단위의 순서가 연대기적이라고 생각했다. 그러나 이 추론은 어느 케리그마 텍스트로부터도, 심지어 복음서로부터도 지지를 얻지 못한다. 다드는, 학계의 중론인 복음서가 연대기적으로 구성된 것이 아니라는 슈미트의 주장을 논박하기 위해서 이러한 주장을 시도했고, 따라서 복음서의 연대기적 구성을 주장한 것은 분명히 탁상공론이었다. 다드는 일반적으로 인정해 온 것과 달리 '요약물'은 마가의 창작이 아니라고 주장해야 했고 오히려 마가 전의 케리그마 전통에서 그 기원을 찾아야 했다. 다드의 주장은 마가가 실제로 이 재구성된 개요를 따르지 않았다는 것을 의미했다. 따라서 그의 실패는 개요가 그의 고유의 것이 아니며 전통으로부터 그에게까지 오게 되었다는 것을 암시했다. 그러나 추론에 의한 '개요'의 존재는 마가가 그의 내러티브에서 따랐던 것처럼 그 존재에 대하여 어느 정도 객관적인 증거가 필요했다. 마가가 가설의 개요 순서를 따르지 않았다고 하는 사실은 가설의 문서가 마가 전에 있었다는 것보다 더 분명한 결론으로 인도한다. 즉, 그런 문서는 존재하지 않았다는 것이다. 마가는 수집된 '요약물'의 순서를 따르지 않았다. 왜냐하면 그는 다드에 의해 만들어진 연대기적 순서를 가진 요약물에 대해서 알지 못했고 다만 그가 복음서에 제시한 대로 알고 있었기 때문이다. 독립적으로 일반화된 요약물은 아마도 케리그마와 복음서와 같이 주제별로 묶여 있었을 것이다. 케리그마의 연대기에 관한 다드의 이론은 학계의 중론을 무너뜨리기 위해 필요한 증거를 제시하는 데 실패했기 때문에 설득력을 얻지 못했다. 그렇게 다드는 가능성에 관한 중론을 역행하는 이론을 전개해야만 했다.

B. '새로운 자료들'?

최초의 탐구는 케리그마가 20세기 신학의 중심에 자리잡으면서 좌절되었다. 적어도 영어권에서 케리그마가 신학의 중심으로 부각된 것은 다드의 영향에 힘입은 바가 크다. 그러나 한때 만들어진 새로운 정신은 더 이상 주인 노릇을 할 수 없었고, 다드에게서 최초의 탐구를 위한 새로운 근거들을 얻지는 못했다. 아마도 이런 상황을 감지한 가장 즉각적인 반응은 탐구에 대해 낙관론적인 연구를 재개하려는 독일 신학이 비록 케리그마를 지지하지만, 다른 곳에서 기초들을 찾아내려 노력했다는 사실이다. 이것이 근래에 영어권에서 나타난 에텔베르트 스타우퍼(Ethelbert Stauffer)의 예수의 생애의 의미이다.

복음서의 케리그마적인 성격에 강한 인상을 받은 스타우퍼는 탐구의 긍정적인 가능성을 세 가지의 새로운 자료의 존재에서 찾았다.

첫째는 팔레스타인의 상황에 대한 점증하는 지식에 근거한 '간접적인' 자료이다. 그러나 이것은 기본적으로 전혀 새로운 자료는 아니고 이미 한 세기 전에 에른스트 르낭(Ernst Renan)이 '다섯 번째 복음서'라 명명한 것이다. 그리고 팔레스타인의 현대화가 과거 전통을 혼란스럽게 만들어 놓기 전까지 꽤 많은 정보들이 구스타프 달만(Gustav Dalman)과 요아킴 예레미아스에 의해 수집되었다. 우리는 탐구가 불가능하다는 입장을 전복시킬 수 있는 최신의 새로운 자료를 다루게 되는 것이 아니라 최초의 탐구 때 사용된 자료들을 다루는 것이다. 그리고 축적된 연구의 양적 증가는 언급할 수 있지만 자료 그 자체는 탐구를 포기했을 때보다 더 혼란스러울 뿐이다.

스타우퍼가 이 자료들을 새롭게 사용한 것은 이런 의미에서가 아니다. 그는 연대기를 완성하기 위해서 복음서와 이 자료들을 '동시화(synchronizing)'한다. 그러나 간접 자료들은 복음서와 동시화할 예수의 생애에 대한 어떠한 연대도 제공하지 않는다. 팔레스타인에 대한 정보는 단지 복음서의 내용과 일치하는 계절이나 년도를 규명하는 데 사용되었다. 예를 들어 28년 티베리우스 치세 15년에 있었던 봄 수확기 같은 것 말이다. 복음서 내용의 순서가 연대기적이라고 가정하면 팔레스타인에 대한 지식은 날짜나 계절을 결정하는 데 도움을 줄 수 있을 것이다. 그러나 복음서가 연대기적 순서에 따라 쓰였다는 가정은 이미 오늘날 인정되지 않는 실정이다. 실제로 동시화된 것은 19세기 그리스도의 전기에서와 같이, 요한복음과 공관복음이다. 우선 '새로운 자료'는 스타우퍼가 현재의 합의 내용을 논박하는 데 도움을 주지 못했다고 결론 내려야 한다. 대신 그 합의가 무시되었고 복음서와 같은 전통적인 자료들이 슈미트 이전의 방식으로 사용되었다.

두 번째 종류의 '새로운 자료'는 역시 새로운 자료라고 부르기 어려운 예수에 대한 유대교적 논증에서 찾을 수 있다. 유대교적 자료가 기독교 자료들과 정반대의 선입견을 가지고 있으므로 스타우퍼는 두 가지가 일치할 때 분명히 배후에 하나의 역사적 사실이 존재한다고 추론했다. 이 추론의 맹점은 기독교 증거에 대하여 랍비적인 예수의 언급에 의존한다는 것이다. 그는 이 문제를 해결하기 위해서, 만약 유대인이 기독교의 입장을 취한다면 그 입장은 역사적으로 분명하다는 논리를 전개했다. 그러나 이 주장은 유대인이 평범한 논객이라기보다는 역사적 비평가라고 생각할 때만 설득력이 있다. 사실들이 왜곡된 곳에서 그들은 사실들의 역사성을 부인하고 은폐해야 했다. 그러나 그것들이 동정녀 탄생의 경우처럼 반기독교적인 의미를 얻게 되는 곳에서는 사실로 인정되었다. 이렇게 랍비 전통에서 예수에 대한 기독교의 입장을 생략하거나 차용하는 것은 그 역사성과는 직접적인 관련이 없다.

스타우퍼의 세 번째 '새로운 자료'는 유대 묵시문학이었다. 그러나 이것 또한 '새로운 자료'는 아니며 바이스(Johannes Weiss)와 슈바이처에게서 최고조에 이르렀던 최초의 탐구 막바지에서 중요한 역할을 했던 자료이다. 혹자는 스타우퍼가 새롭게 발견된 쿰란 문서를 마음에 두고 있었다고 생각할 수 있다. 그러나 쿰란 문서는 오히려 그에게 부정적인 의미로 다가왔다. 쿰란의 율법주의는 예수의 율법적인 말씀을 고유하지 못한 것으로 보게 하고, 세례 요한 공동체와 팔레스타인 기독교인들에 의해 수행된 재유대화 과정에서 소개된 것으로 보게 한다.

스타우퍼의 '새로운 자료'는 실제로 예수에 대한 특별한 정보를 더하지 못했다. 자료들은 기독교 자료의 역사성에 대한 논증을 위해서 사용되었을 뿐이다. 이런 의미에서 이 자료들은 새로운 장을 여는 예수의 생애에 대한 정보는 아닌 것이다. 왜냐하면 스타우퍼는 '새로운 자료'를 신약성서 자료의 케리그마적인 성격과 그 결과로 빚어진 편파성을 논박하기 위해서 사용하지는 않았기 때문이다. 스타우퍼에게 새로운 것은 역사의 낙관론적 이해의 부활이었다. 그에게 성육하신 하나님의 말씀(Verbum Dei incarnatum)은 확실한 사건(nudum factum)이고, 모든 신학적 연구의 최고의 과제(quaestio prima)는 무엇보다도 예수의 절대성의 문제를 해결할 수 있는 예수의 역사를 재건하는 것이다. 그의 역사관이나 자료에 대한 입장을 보면 보수적인 원칙들을 비평적인 방법론으로 대치했다는 것을 제외하고는 19세기 자유주의적 조망을 가지고 있음을 알 수 있다. 그의 약점은 학계에서 방향 전환을 통해 실제적인 진보를 이룬 50여 년간의 작업을 무시했다는 것이다. 학문적 진보는 우리가 돌아가야 할 과거의 입장을 포기했던 이유를 포함해서, 현대 입장 배후에 있는 근거들에 대한 깊은 이해를 바탕으로 이루어졌다. 과거의 탐구로의 회귀는 이전 입장을 무너뜨린 정당한 논증들을 인정하고, 과거의 실질적인 연구 업적들을 인정하는 데서 이루어지는 변화이어야 한다.

스타우퍼가 실제로는 새롭다고 할 수 없는 '새로운 자료'들을 언급하면서, 정작 실제로 새로운 자료를 언급하지 않은 것이 있다. 그것은 1945년 이집트의 나그 함마디 지역에서 발견된 콥틱 영지주의 문서 가운데 있는 「도마복음」의 사본이다. 이 묵시적인 복음서는 교부 문헌에서 언급되었고, 일반적으로 순수하게 공상적 유년기 내러티브로 인식되어 왔다. 그러나 예비 보고서에 따르면 나그 함마디 「도마복음」은 영지주의의 영향을 받지 않은 공관복음에서 보이는 것과 유사한 예수의 말씀(sayings)을 적지 않게 포함하고 있다고 한다. 우리는 진정성 있는 예수의 말씀이 점차 증가할 것이라고 조심스럽게 예견할 수 있다. 그러나 수집물의 성격상 예수의 전기나 기본적인 역사를 바꿀 수 있을 것 같지는 않다. 우리는 분명히 「도마복음」을 통하여 역사적 배경이나 연대 순서와 동떨어지고 영지주의적 경향과 야고보를 공경했던 유대 기독교 교회의 세계관을 반영하는 개별적이고 무관한 말씀들을 다루게 될 것이다. 그러나 「도마복음」은 이미 옥시린쿠스 파피루스(*Oxyrhynchus Papyri* Ⅰ, 654)를 통해서 얻은 자료와 유사한 정보만을 제공할 뿐이다.

C. 복음서에 대한 새로운 시각?

케리그마도 새로운 전승 자료도 19세기에 이루어진 탐구로의 회귀 가능성을 제시하지는 못했다. 가능성은 복음서의 학문적 연구의 일반적인 변화에서도 발견되지 않았다. 만약 양식비평이 구두 전통의 형성기 때의 교회의 신학에 관심 갖게 했다면, 오늘날 학계는 복음서에 끼친 복음서 기자들의 신학의 영향에 집중하고 있다. 최근 연구의 걸출한 성과 가운데 하나는 '역사가 누가(Luke the historian)'가 우리에게 객관적으로 확증된 정보로서 연대기적, 지정학적, 심리학적, 발달론적 정보를 제공하는 것이 아니라, 역사의 신학자로서 의미심장한 역사를 구성하여 복음서에서 제시한다는 주장이다. 이 같은 주장은 점점 설득력을 얻어 요한복음의 역사적인 측면을 인식하도록 하는 데까지 나아갔다. 그러나 이런 경향이 요한복음이 공관복음에서는 찾을 수 없는 역사적 객관성을 제공한다는 결론에 도달하도록 하는 것은 아니며 기껏해야 공관복음에서처럼 '역사의 신학'이라는 일반적 범주 안에 분류될 수 있다는 것을 의미한다. 역비례에도 관심 가져야 한다는 것도 지적해야겠다. 요한복음에서 역사성을 반영한다고 하는 부분이 증가하는 것은 공관복음에서 다양한 시각 차이로 인해 역사성이 의심받는 부분이 많아진다는 것을 의미하게 된다.

우리는 현재의 논의 가운데서 복음서의 사실 자료의 역사적 신빙성에 대해 다양하고 긍정적인 진술들을 보았다. 그 진술들은 충분히 예상되는 일군의 학자들에게서뿐 아니라 불트만 학파 가운데서도 발견된다. 비록 이것은 탐구가 재개되어야 한다는 제안과 충돌하는 새로운 강조이지만 실제에 있어서는 자료들과 관련된 상황의 기본적인 재평가는 아니다. 심지어 이전의 탐구의 불가능성을 강조하던 한 세대 전에도 불트만에 의해서 예수에 대한 역사적 정보의 존재가 용인되기도 했었다. 한편 탐구를 재개한 현대 불트만 학파도 자료들이 원천적으로 케리그마적이고 오직 후대의 역사가들에게는 2차 자료가 될 뿐이라는 불트만의 견해를 거부하지 않았다. 20세기 중반이 되어도 초반에 있었던 자료에 대한 견해의 혁명적인 변화는 일어나지 않았다. 역사적 예수 탐구에 다시금 관심을 갖게 했던 진짜 이유는 다른 데 있었다.

D. 역사와 자아에 대한 새로운 개념

만약 탐구의 재개 가능성이 케리그마나 새로운 자료도 아니고 복음서에 관한 새로운 견해 때문도 아니라면 그러한 가능성은 실패로 끝나버린 탐구와 현재를 구별하는 인간 존재와 역사에 관한 극단적으로 다른 이해에 잠재적으로 **존재했다고** 말할 수 있다. 이상적인 역사 기술의 핵심으로서 '역사주의'는 사라졌고, 연대기의 강조도 사라졌다. 전기물의 핵심이라 할 '심리주의'와 '생애의 이력(*curriclum vitae*)'도 사라졌다. 따라서 19세기까지 기록된 역사와 전기의 종류들은 이제 역사와 자아의 본성에 대해 잘못된 이해를 가졌음이 밝혀졌다. 그 결과 현대의 역사와 인간 존재에 대한 견해와 양립할 수 있는 예수의 역사나 전기가 가능한가라는 문제가 공론화되기 시작했다.

이 질문은 지난 세대 동안 불가능할 뿐더러 길을 잘못 들어선 탐구를 논박했던 주장들로 흐지부지해지고 말았다. 그러나 이 논증들은 오늘날의 급선 과제가 더 이상 기계적인 영구함을 추구하는 것이 아니라, 현대적인 역사와 인간 존재 이해를 바탕으로 한 예수의 전기와 역사를 기술하는 가능성을 연구하는 것임을 알게 하였다.

19세기 역사서와 전기는 사건의 인과 관계를 밝힌다든가 특수한 것들을 일반적인 원리에 따라 분류하는 데 관심을 가지면서 자연 과학의 모델을 따랐다. 오늘날 이 방법론은 초월성이 발견되는 역사적이고 인간적인 측면은 간과한 채, 역사와 인간의 본성의 혼합에 더 큰 비중을 두고 있음이 널리 알려졌다. 근대 시기에 역사 기술을 위한 '인간 존재의 위대한 형태인 개별적 인간의 과학적 지식에 대해 질문'을 던진 것은 바로 빌헬름 딜타이(Wilhelm Dilthey)였다. 오늘날 역사는 본질적으로 창조적이며 독특하고 그 실체는 발생한 사건과 분리할 수 없으나 역사의 진리는 철학적인 사고나 합리적인 원리에 따른 사유로써는 도달할 수 없고 오직 역사적인 조우를 통해서만 가능하다는 인식이 커지고 있다. 역사는 의도와 투신의 행동이며 사건 배후에 있는 참여자들에게 의미를 던져 주는 것이다. 그러한 의도와 투신 안에서 참여자들은 자아를 실현하고, 그러한 자아실현 속에서 자아가 비로소 드러난다. 현대 역사서는 그러한 의도와 투신, 의미, 자아실현의 행동을 포착하는 것이어야 하고 전기는 그곳에 드러난 자아(selfhood)에 대한 기록이어야 한다.

전기를 위한 역사의 현대적 이해는 자아에 대한 개념과 전기를 위한 직접적인 함축성에 집중할 때만 강화된다. 자아는 단순히 개인의 유산과 발달의 과정 속에서 기인한 다양한 영향들과 재료들의 결과로서 개인의 인격을 의미하는 것은 아니다. 오히려 자아는 인간 존재를 가능하게 하는 컨텍스트로의 투신으로 만들어진다. 개인의 경험적 습관(*habitus*, 아비투스)은 자아를 표현하기 위해 수단이 될 수는 있지만 그것이 자아는 아니다. 왜냐하면 한 인간이 투신을 기피하고 단순히 삶의 조류에 휩쓸려 간다거나 투신한다 할지라도 그것이 과거에 대한 집착이나 개인의 인격을 절대화하는 것이라면 그 결과로 만들어지는 자아는 결정적으로 진정하지 못한 풍조에 의해 규정되어지거나 자기 암시를 통해 만들어낸 허상에 불과하기 때문이다. 따라서 우연적인 관계와 인격을 구성하는 문화적인 요소를 묘사함으로서 자아를 이해했다고 하는 것은 자아에 대하여 기본적으로 오해했음을 의미할 뿐이다. 자아는 어떤 존재에 대한 직간접적인 투신에 기인하며 오직 그러한 투신을 통해서 이해되어야 한다.

확실히 역사와 존재에 대한 현대적 견해는 초월적 측면을 반영하지 못하고 있다. 고전언어학자인 에른스트 하이취(Ernst Heitsch)가 역사가들이 "당신의 관심사를 이끌어내라(*tua res agitur*)의 원리를 인식하고 있다는 것은" 신약학자들에 의해서 "특별하게 부가적인 의미"를 얻었기 때문이라고 지적한 바 있다. "그것은 신적인 축복의 문제여서 이를 통해서 이해할 수 있게 된다." 세속적인 역사가들은 이런 특별하고 좁은 의미의 관심에 집중하지는 않는다. 그러나 "인간적인 어떤 것도 당신에게는 낯선 것이 없다"는 의미에서 "당신의 관심사를 이끌어내라(*tua res agitur*)는 원리"를 이해한다. 그러나 이것은 모두 인간적인 것에 대한 철저한 개방성 때문이며, 역사가들은 초월성으로부터 삶을 사는 것으로 자신의 존재를 이해하는 사람들과의 만남에 스스로를 개방해야 한다.

우리가 본 대로 현대 역사관과 인간 존재의 이해가 신약학에 끼친 첫째 영향은 예수의 역사와 자아에 대한 신약의 진술로서 '케리그마'에 관심을 돌렸다는 사실이다. 이것은 또한 복음서의 케리그마적인 성격을 긍정적으로 평가했음을 의미하며, 예수의 고유한 말씀(*ipsissima verba*)과 사실들을 케리그마적으로 변화시키는 과정의 적법성을 인식하게 하였다. 이렇게 역사와 자아에 대한 현대적 접근은 수정되지 않은 말씀과 사실들의 희귀성을 강조하는 것을 용이하게 했다.

그러나 분명한 사실이지만 강조되지 않은 측면이 있다. 만약 교회의 케리그마가 변형되지 않은 재료들의 양을 절감시켰다면 남아 있는 자료의 질은 보다 더 높아졌다는 것이다. '케리그마화'되는 과정에서 변형되지 않은 그 같은 자료는 역사와 자아에 대한 현대적 견해를 바탕으로 한 연구에 가장 적합한 자료가 된다. 초기 교회의 케리그마적 관심이 예수가 그의 의도와 존재에 대한 이해를 담은 그 같은 말씀과 사실들을 변형시키지 않은 것은 변형 없이도 그 같은 의도가 전해졌기 때문이다. 물론 가장 초기의 교회가 예수의 방식으로 케리그마를 만든 경우가 있다는 사실 때문에, 주어진 말씀이 예수의 것인지 교회의 초기에 만들어진 것인지 분별하는 데는 어려움이 있다. 그리고 예수가 그의 제자들과 구별되는 영역은 전통으로부터 사라지는 경향이 있다. 그러나 그런 어려움에도 불구하고 초기 교회가 변형 없이 간직한 자료의 '케리그마적' 성격은 이 자료가 특별히 인간의 실존적 자아와 역사의 의미를 궁구하는 것과 관련하여 현대적 연구에 가장 적합하다는 사실을 의미한다.

역사와 자아의 현대적 견해가 외형적으로 케리그마 연구와 더욱 유사해졌기 때문에, 우리는 더 이상 공적 사역의 연대와 우연성에 관한 연구가 좌절된 것을 불행한 일이라고 생각할 필요가 없다. 우리는 비유와 산상수훈, 하나님 나라에 관한 말씀, 축귀, 세례 요한과 율법에 관한 말씀 안에서 예수의 역사적 행위와 만나기 위한 그의 의도에 관하여 충분한 통찰을 얻을 수 있고 예수의 자아를 만나기 위해서 의도 안에 전제된 존재 이해에 관한 충분한 통찰을 얻을 수 있다. "그러나 내가 만일 하나님의 손을 힘입어 귀신을 쫓아낸다면 하나님의 나라가 이미 너희에게 임하였느니라"(눅 11:20). "세례 요한의 때부터 지금까지 천국은 침노를 당하나니 침노하는 자는 빼앗느니라"(마 11:12). 이런 진정성 있는 말씀들은 비록 번역이 모호하고 어법을 재구성하기 어려운 것은 사실이나 예수의 역사와 인격을 만나기 위해서 최초의 탐구가 무의미하게 추구했던 연대기적이고 심리학적 자료보다도 더 중요한 역사적 자료가 된다. 따라서 예수의 역사와 자아는 현대 역사 기술과 전기에 **사용될 수 있는 것**이다. 이에 관하여 케제만의 말을 들어보자. "역사가들이 자신의 정체성을 유지하기 원한다면 공관복음 전통 안에 진정성 있는 모든 말씀을 인정해야만 한다." 이런 차원의 역사적 예수 연구는 **가능한 것**이다.

예수의 문제에 있어 역사와 자아에 대한 현대적 견해의 긍정적인 관계는 밝혀지지 않은 채로 남겨지진 않았다. 사실 불트만이 1926년에 펴낸 『예수와 말씀』 서문에서 현대 역사관에 대한 고전적인 진술을 하고 있고 이 기초 위에 그의 책이 역사적 예수와 자신의 만남을 반영하고 독자와 역사적 예수와의 만남을 중재할 수 있다고 기록했다. 예수 고유의 말씀에 관한 케제만의 간략한 분석은 메시아 직함의 부재에도 불구하고 예수의 존재 이해는 그의 말씀 가운데서 드러난 의도로부터 추론될 수 있다고 결론지었다. 우리는 이미 푹스가 어떻게 예수의 사역과 인격의 이해를 그의 행위와 비유 해석을 통해서 도출해 내었는지 보았다. 이와 같이 보른캄도 그의 『나사렛 예수』의 가능성은 새로운 역사관에 있다는 사실을 인식했다. "만약 복음서가 삶의 경험과 국면들, 내적·외적 발달 등의 개인의 이력(curriculum vitae)의 관점에서 예수의 역사에 관하여 침묵하고 있다고 한다면, 그들은 역사를 단지 발생과 사건으로만 이해하고 있는 것이다. 그러한 역사관이라면 복음서는 엄청나게 많은 정보를 제공할 수 있을 것이다." 또한 "메시아적 의문(The messianic question)에 관한 발표는 새로운 존재관을 반영하고 있다. 바로 예수는 자기 존재의 '메시아적'인 측면은 말과 행동 **안에** 그리고 그의 역사적 출현의 즉각성 안에 이미 담겨져 있다고 보았기 때문에 자신의 인격에 관한 어떠한 독립적인 교리도 제시하지 않았다." 따라서 피터 빌(Peter Biehl)이 새로운 탐구 논의에 하이데거(Martin Heidegger)와 콜링우드(R. G. Collingwood)에서 발견되는 자아의 역사성의 관점에서 역사에 관한 논의를 소개한 것은 놀랄 일은 아니다.

역사적 예수의 새로운 탐구는 최초의 탐구에 내재한 불가능성을 부인하려는 노력에 기초한 것이 아니다. 오히려 자료들이 현대적 역사관과 자아관에 의해서 새로운 형태의 탐구를 가능하게 했다는 사실에 기초해야 한다. 이렇게 가능해진 역사적 연구를 예수의 역사 혹은 생애라 명명하길 원하든지, 혹은 그것들을 19세기에 그려진 생애와 역사를 가리키는 용어로 남겨둘 것인가 하는 문제는 그렇게 중요한 문제가 아니다. 불트만의 『예수와 말씀』 이래로, 독일에서 역사(Historie)와 재구성된 역사(Geschite)를 구별하면서 예수의 역사(Geschite)를 제시하는 것이 가능해졌다. 물론 케제만이 "예수의 생애에서 사람들은 단순히 외적이고 내적인 발전을 포기할 수 없다"고 말한 이유와 같은 맥락에서 기피되고 있는 '생애'나 '전기,' '삶'이라는 용어와 관련해서는 그러한 역사는 사실이 아니다. 언어의 용법이 의미를 결정하기 때문에 그러한 19세기의 전기(biography)의 정의는 여전히 정확한 것이다. 그러나 이런 이유로 예수의 자기 존재, 자아 이해가 역사적 연구의 가능한 주제라는 사실을 놓쳐서는 안 된다.

제4장 새로운 탐구의 적합성

A. 적절한 신학적 의문

역사가들은 새로운 탐구의 **가능성**이 그 자체로 **적합성**을 확보하는 충분한 근거가 된다고 느낄지도 모른다. 왜냐하면 어떠한 연구의 과제라도 자유롭고 탐구적인 정신에는 적합한 주제가 된다고 생각하기 때문이다. 물론 이것은 사실이다. 혹자는 인간의 충족되지 못한 알고 싶어하는 충동에서 비롯된 연구들을 종종 볼 것을 기대할 수도 있다. 그러나 이러한 자극은 최초의 탐구에 집중했던 연구의 집중도를 제공하지 못할 뿐 아니라, 성공할 가능성이 큰 다른 주제들과 비교해서 우리 시대의 독특한 성격을 규정하는 새로운 탐구를 촉발시키지는 못한다. 역사적 예수의 새로운 탐구가 보다 큰 지평에서 이루어지려면, 최초의 탐구와 갑작스런 연구의 중지의 원인에 비할 만한 우리 시대의 의미 있는 고민들로부터 다소 특별한 자극을 얻어야 한다.

최초의 탐구는 단순히 18세기 이후의 현대적 역사 기술의 가용성의 측면에서만 설명될 수 없다. 역사비평적 방법론은 수단은 제공하였지만 추진력을 만들어내기에는 역부족이었다. 최초의 자극은 계몽주의의 많은 부분에 내재된 반성직자주의(anti-clericalism)로부터 시작되었다. 그러나 18세기의 예수의 생애에 관한 연구들은 한편으로 스트라우스(David Friedrich Strauss)의 신화적 해석을 극복하려는 바람에서 이루어졌고, 다른 한편으로는 리츨의 체계로 정통 교리를 대신하려는 시도의 일환으로 생겨났다.

탐구의 중지도 단순히 관련된 역사적 문제들 때문만이 아니라 대부분 신학적 통찰의 결과로 이루어진 것이다. 종종 불트만의 신학적 입장도 그의 역사적 결론에 대한 부정적인 태도 때문이라고 생각하는 경우가 있다. 그래서 불트만이 바르트주의로 선회했다는 것이다. 그러나 불트만은 바르트주의로의 선회가 그의 양식비평의 부정적 결과에서 비롯된 것은 아니라고 분명히 말한다. 우리가 본 것처럼 세속적인 증거들을 신앙에 대한 잘못된 증명들로 규정하고 제거하는 극단적인 비평의 신학적 의미에 주의를 집중한 것은 바르트였다. 다만 불트만은 그 입장에 동감을 표했을 뿐이다. 믿음의 본성이라는 측면에서 이처럼 극단적인 비평에 대한 긍정적인 평가는 바르트와 불트만을 배태한 마르부르크 전통(Marburg tradition)에 깊이 뿌리내리고 있었다. 그러나 이는 키에르케고르(Kierkegaard)를 통해 더욱 극단적으로 변모했다.

불트만의 경우, 그의 신학적 배경은 비교종교학적 수업을 통해 다져졌다. 여기서 기독교는 제의적 상징인 '그리스도 주'에 중심을 두고 있으나 '그리스도'와 나사렛 예수와의 관계는 역사적으로 문젯거리이고 신학적으로도 부적절한 것이었다. 이 입장의 고전적 표현은 빌헬름 부세(Wilhelm Bousset)가 1913년에 펴낸 『주 그리스도 *Kyrios Christos*』에서 찾을 수 있다. 그리고 불트만은 그 책의 개정판의 편집과 1921년의 『공관복음의 역사 *Geschichte der synoptischen Tradtion*』와 같은 해에 나온 유작 편집을 위탁받음으로 이 전통에 깊이 뿌리내리고 있음을 확인시켜 주었다. 따라서 예수에 관한 불트만의 신학적 입장을 그의 역사적 견해에 붙여진 시대착

오적인 부록쯤으로 보는 것은 큰 잘못이다. 만약 신학적·역사적 요인들이 뒤엉켜 있어 풀기 어렵다는 것을 인정하는 데 주저한다면 신학적인 것의 우선성에 관하여 논의가 필요할 것이다. 불트만은 그의 입장을 바울 신학과 요한 신학의 관점에서 표명하기를 원했다.

역사적 예수의 새로운 탐구가 오는 세대에 신학계의 중요한 이슈가 될 것이라면, 우리 시대의 신학적 사고 안에서 이 연구가 지닌 기능을 분명히 알아야 한다. 의미 있는 존재에 대한 인간의 탐구가 학계 연구의 가장 큰 자극이 되는 것은 사실이다. 따라서 역사적 예수의 탐구는 의미 있는 존재에 대한 인간의 탐구라는 측면에서 중요성을 가진다. 그렇다고 해서 탐구가 어떤 기독론적 전제가 필요하다거나 예수를 현대화하는 위험을 고려하지 말라는 것은 아니다. 그것은 단지 우리가 살고 있는 시대와 새로운 탐구를 일으킨 가능성에 대해 보다 더 현실적이 되어야 함을 의미한다. 역사적 예수 탐구를 신학적으로 부적절하고 심지어 부당하다고 하는 인식의 변화가 없다면 탐구의 성공을 좌지우지 하는 학자들이나 전문가들의 적극적인 참여를 유도하기 어려울 것이다.

B. 새로운 탐구의 허용

새로운 탐구의 신학적 타당성에 관한 논의는 최초의 탐구가 부당하게 여겨졌던 부분에서 시작하는 것이 자연스럽다. 객관적이고 확증된 증거의 역사성을 보여 주기 위해서 구원 사건 안에 있는 실존적 믿음을 위한 케리그마의 요청을 회피하는 것은 부적절한 처사이다. 믿음에 선행하는 구원 사건의 객관적인 적법성을 획득하기 위한 노력은 분노하는 기독교에 오히려 성내는 것이고, 안전성 속으로 불신앙적으로 도피하는 것을 영속화시키는 것이다. 신앙이란 행위로서 의롭게 되는 세속적 안전을 거부하는 믿음이기 때문에 이는 신앙을 거꾸로 뒤집는 것을 의미한다. 이 같은 비평은 최초의 탐구의 '역사주의'와 '심리주의'에 잠재된 세속성을 정확히 인식하고 있어서 신학적으로 타당한 반론으로 인정할 수 있다.

그러나 최초의 탐구의 거부가 새로운 탐구에 전제된 현대 역사관과 역사서에는 적용되지는 않는다는 것을 알 필요가 있다. 현대 역사 기술의 객관성은 분명히 만남에 대한 개인의 개방성에서 확보되며 기꺼이 자신의 의도와 존재 이해를 의문시할 수 있는 능력에 기초하기 때문이다. 따라서 기본적으로 존재에 대한 새로운 이해를 얻게 되면 자기 존재를 그에 따라 조정하고 극단적으로는 바꾸게 되는 것이다. 그러한 역사적 연구의 최종 결과는 실존적 투신의 필요성을 무시하는 입증된 케리그마일 수는 없다. 불트만과 케제만, 푹스와 보른캄의 노력을 통해서도 예수의 의도 안에서 하나님이 일하셨다거나 예수가 구원자라는 진술은 증명된 사실일 수 없었다. 기껏해야 예수는 "회개하라 천국이 가까웠느니라"고 선포했고 그것을 듣는 자들을 이미 가까이 와 계신 하나님과 대면하게 하려 하셨다고 말할 수 있을 것이다. 즉, 예수는 그 자신과의 만남이 하나님과의 종말론적 만남이 되기를 원하셨고 따라서 예수는 자기를 종말론적 구원을 가져오는 존재로 이해했다는 것이다. 역사적 예수는 증명된 신적 사실을 가지고 케리그마의 적합성을 인정하지 않는다. 대신에 우리를 마치 축귀 사건에서처럼 하나님의 영(막 3:29; 마 12:28)이나 바알세불(막 3:22) 또는 정신 나간 사람(막 3:21)으로 이해될 수 있는 자아와 행동에 직면시킨다. 역사적 예수는 케리그마가 그런 것처럼 우리를 실존적 결단에 직면하게 한다. 따라서 그러한 탐구가 신앙의 결단과 투신에서 멀어지게 한다는 가정 위에서 오늘날의 탐구를 반대하는 것은 시대착오적이라 할 수 있다. 그것이 최초의 탐구가 지닌 실존적 의미일 수도 있으나 현재 역사적 예수와 역사 기술에 대하여 알려진 것을 습득하고 있는 사람에게는 무의미할 수밖에 없다.

케리그마의 신앙과 역사적 예수에 대한 관심 사이의 반립에 집중했던 시기를 거치면서 둘 사이의 공통점을 인식하고 유지시켰던 것은 복음서에 나타난 사실들일 것이다. 새로운 탐구에 대한 신학적 타당성에 관한 최초의 논의는 많은 부분 복음서 저자의 의도를 파악하는 것으로 이루어졌다. 복음서 저자들은 의심의 여지없이 신앙을 위한 역사의 적절성을 주장했다. 이 적절성은 케리그마 안에서 비하된 예수와 고양된 주님이 동일시되면서 확보되었다. 이 동일화의 한 측면을 강조하는 것이 20세기 신학의 특징이라 할 수 있다. 최초의 탐구가 시도했던 대로 역사적 예수는 신앙의 그리스도와 불가분의 관계이다. 복음서 저자들이 지적하는 것처럼, 우리가 "역사의 자리에서 신화를 찾거나 나사렛에서 천상적 존재 찾는 것"을 원하지 않는다면 신앙의 그리스도는 역사적 예수와 분리될 수 없다.

비하에 대한, 곧 케리그마의 역사적 부분에 대한 이 같은 강조는 초기 기독교의 종말론적 방향성에 뿌리내리고 있다. 여기서 우리는 다른 한 가지 논제를 얻게 되는데, 바로 종말론과 역사의 관계이다. 예수에 대한 종말론적 해석은 비역사적인 자료들이 복음서에 도입된 것과 많은 부분 관련이 있다. 그러나 예수에 대한 종말론적 해석이 역사적인 것에 신학적 적절성을 부여하고 예수가 신화로 전락하는 것을 방지했다는 점도 사실이다. 그것이 앞으로 자세히 보게 될 복음서 저자들의 종말론을 위한 역사적 예수의 신학적인 적절성이다.

1. 초기 기독교는 인간에게 종말론적 존재를 취할 수 있도록 하는 하나님의 독특한 행동으로 예수를 경험했다. 그들에게 있어 계시는 이성적인 숙고의 대상이 아니었고, 구원도 인간의 영의 영원한 잠재성을 의미하는 것도 아니었다. 오히려 궁극적인 결단을 요구하는 종말론적 존재의 자유롭고 은혜로운 기회를 가지고 하나님은 마지막 때에 어려움에 처한 인간

과 대면할 것이다. 이것이 바로 예수의 지상 사역이 제자들에게 의미했던 바였고 부활이 이를 확증하였다. 복음서 안에 있는 예수의 구체적인 역사의 기록에서 발견되는 것이 바로 계시의 이러한 극적인 우연성이었다.

2. 요한복음은 특별히 예수를 가현설로 희석시키는 영지주의적 환경 속에서 계시의 역사성을 보존하는 데 관심을 두었다. 지상의 육적 존재를 계시의 영역으로 극화하기 위하여, 또한 신적 계시의 응축을 강조하기 위하여 요한복음은 예수의 생애의 관점에서 현재의 종교 체험을 그렸다. 복음서 저자는 이를 수행하기 위하여 예수의 생애의 계시적 측면을 특징짓는 모호성과 은폐, 죄의 원인에 대한 언급에 주목하였다. 오늘날도 교회는 그리스도와 함께 살아나긴 했지만, 역사의 모호성과 범죄의 가능성에 노출된 채로 남아 있다. 왜냐하면 부활에서 영광은 실제로 예수의 역사적 존재의 초월성을 의미하기 때문이다.

3. 공관복음은 여러 차이들을 통해 예수의 '과거'에 대한 더 많은 것을 드러냈다. 이것은 그들의 신학적 재능이 유약했기 때문이 아니다. 이것은 오히려 긍정적인 통찰을 제시한다. 비록 역사는 현재의 가능성과 결단들로 결정된다 하더라도 일련의 현재 상황에 완전히 용해될 수는 없다. 우리의 현재적 가능성과 결단들은 많은 부분 현재를 위한 문을 열거나 닫는 과거의 사건들에 의해 결정된다. 우리의 현재 상황은 현재의 상황이, 말하자면 미리 예정되어 있는 과거로부터 거슬러 올라가는 더 큰 '카이로스'의 한 부분이다. 이런 의미에서 그리스도인의 카이로스는, 우리 믿음에 선행하여 우리의 현재를 결정하는 우리 바깥의 역사적 예수에 뿌리 내리고 있다. 우리의 현재는 우리의 존재가 토대로 삼고 구성되는 역사이다.

복음서에서 예수의 역사성을 강조함으로써 얻게 되는 신학적 의미 규명이 자동적으로 역사적 예수의 새로운 탐구를 향한 동기를 부여하는 것은 아니다. 이러한 의미는 이미 비하에 초점을 맞춘 케리그마에 내재해 있고,

아시시의 프란체스코(Francis of Assisi)가 한 것과 같은 그리스도인의 다양한 종교적 체험 속에서도 찾을 수 있다. 복음서를 기록한 것이 역사적 예수 탐구의 선례가 된다고 보기는 어렵다. 역사적 예수 탐구는 케리그마적인 첨가에서 역사적 예수에 관한 정보를 분리시키고, 케리그마와의 조우와 구별되는 역사적 예수와의 만남을 중재하려는 시도이다. 그러나 복음서는 케리그마와 구별하여 역사적 예수를 제시하지는 않고 오히려 케리그마화된 예수의 역사를 제시한다.

복음서 기록에 대한 논의는 앞에서 본 대로 현대 역사 기술도 원래 신앙에 모순되는 것이 아니며 역사적 사실에 신앙을 개방할 수 있도록 독려할 수 있다는 결론에 이른다. 이것은 신약성서 기록의 관심이기도 하다. 비록 신약성서의 '역사 기술' 방법과 현대 역사 기술의 방법이 매우 다르다 하더라도 서로를 적절하게 사용하는 데 이르도록 하는 방식을 낳는 유사한 케리그마적인 동기가 있다. 복음서 기록의 신학적 의미에 대한 논의는 새로운 탐구의 신학적인 타당성을 인정하는 계기가 되었다. 그러나 실제로 학자들이 탐구를 시작할 수 있도록 하는 자극은 다른 곳에 있었다.

C. 비신화화의 자극

비신화화에 대한 논쟁은 1941년 이래로 계속되었고 많은 부분 역사적 예수의 새로운 탐구를 시작하게 한 직접적인 추진력이 되었다. 우리가 본 것처럼 새로운 탐구에 대한 제안은 비신화화의 주창자들 가운데서 나왔다. 케리그마의 비신화화가 기독교 신학에 내재한 분명한 주제들에 관심을 돌렸기 때문이다. 비신화화 과정에서 객관화된 케리그마의 언어는 그 구체성을 잃고 명료해졌기 때문에 실존적 의미가 포착되었을지도 모른다.

그러나 케리그마가 명료하게 해석될 때 그것을 통해 분명해지는 것은 무엇일까? 케리그마 안에서 사람들은 상징화된 원리를 만나는가? 아니면 해석된 역사를 만나는가?

그들이 제안한 첫 번째 대안은 케리그마를 많은 부분에서 비교종교학의 개념으로 이해한 것이었다. 즉, 이미 주어진 경건의 형태를 객관화시키는 상징이며 종교의 정수로 케리그마를 정의했다. 확실히 이러한 기독교 원리는 더 이상 헬레니즘적인 신비주의에 의존하지 않고 인간 존재의 역사성에 관심 갖게 되었다. 그러나 어떤 경우라도 케리그마는 진리의 객관화이지 역사적 사건의 객관화는 아니다. 또는 사건에 대한 증언이 케리그마에 본질적인 것이라고 결론짓는다면, 우리는 케리그마를 본질적으로 신화적인 것으로 분류해야 할 것이고, 그렇기 때문에 '비신화화'는 '비케리그마화'를 수반한다고 할 수밖에 없다.

종교적 상징으로서 케리그마의 개념은 비교종교학파의 배경을 지닌 불트만에게는 낯설지 않았다. 그러나 그가 기본적 입장에서 선회한 것도 그의 비교종교 연구 안에서였다. 초기 기독교는 헬레니즘적인 신비주의보다는 유대적 종말론에 뿌리내리고 있었다. 따라서 초기 기독교는 역사 초월적이 아니라 역사와 관련하여 구원을 정의하였다. 그 결과 신화가 역사 안에서 이루어졌다고 하는 사실에 맞닥뜨리기 전에는 신비적인 종교의 신화들은 바울과 같은 유대인에게는 부적절한 것이었다. 비록 불트만이 부세의 주장, 즉 바울이 기독론에 사용한 개념들은 예수로부터 전해진 것이라기보다는 신비 종교로부터 차용한 것이라는 주장에 동조하였지만 바울의 신학에서 예수의 역사성이 감당한 결정적인 역할을 무시하지는 않았다. "예수의 역사적 인격이 바울의 선포하는 복음을 가능하게 했다."

메시아의 도래는 종말론적 시대의 서광이 밝았음을 의미할 뿐 아니라 바리새적인 '구원 계획'이 하나님에 의해서 무시되었다는 것을 의미했다.

즉, 역사 안에서 종말론적 존재의 가능성과 구원의 선물이 아닌 인간의 자기 구원 가능성이 좌절되었음을 의미한다. 바울이 그토록 자랑스럽게 여기던 유대주의였지만, 율법이라 하더라도 자기 중심적으로 사용되고 오로지 인간의 죄를 더하는 데 사용될 수 있는 등의 딜레마를 경험하면서 현재의 악한 시대를 발견하고 이를 경시하게 되었다. 이렇게 종말론적 사건은 인간의 교만에 대한 하나님의 심판인 동시에 인간의 삶에 의미를 부여하는 은혜이다. 따라서 종말론적 사건은 인간의 자기 구원의 불가능성을 폭로하고 하나님의 구원을 위한 개입이 필수불가결하다는 사실을 일깨운다. 신비 종교의 신화 또는 비교종교학적 상징은 존재의 당연한 측면을 지적할 수는 있다. 헬레니즘 세계의 '법'으로서 그것은 절망 속에 있는 유대적 율법같이 새로운 율법주의의 종언이 될 수 있다(롬 7장). 오직 역사에 개입하시는 하나님의 증언으로서 신화 또는 상징은 종말론적 존재가 역사 안에서 가능하다는 기쁜 소식이 될 수 있다. 이런 측면에서 불트만의 신약성서 케리그마 연구는 케리그마를 종교적 관념의 객관화로 이해하는 것을 넘어 그것이 '발생했음'(happened-ness)의 사실 안에서 본질을 인식하는 데 이르렀다.

바울의 사고 속에서 케리그마의 이와 같은 역할은 현대적 인간을 위협하는 딜레마 속에서도 그 유사점을 발견할 수 있다. 이 유사점들은 불트만 학파로 하여금 바울의 신학을 재평가하도록 했다. 이것은 특별히 에른스트 푹스에게서 두드러진다. 그의 말을 들어보자. "우리는 그러한 만남들이 무엇보다도 일반적인 역사의 의미 안에 있었다는 사실에 찬성할 수 없다. 만약 역사적 결단이 어느 때라도 가능하다면 왜 예수가 필요한가? 예를 들어 트뢸취가 요구한 유럽 문화의 융합을 인정한다면 오늘날 사태들이 어떻게 규정될 수 있는가? 무엇보다도 각 개인의 존재 속에서도 가끔은 역사를 만드는 충분한 결단들이 있어 왔다. 그러나 그것에 의해서 하나님으로부터 유래한 존재를 성취했다고 하는 사실을 어떻게 알 수 있는가? 그리고 인간이 그 이웃에 대하여 죄책감을 느낄 때 그는 어떤 권리로 그 죄책감에 권리행사를 할 수 있는가?" "우리가 존재의 죄성을 해결할 수 있는 위치에 있다고 생각한다면 바로 우리는 죄인이다." 이것은 행위에 의해 의롭게 될 수 있다는 논의와 맥을 같이 한다.

유사한 정서가 오덴(W. H. Auden)의 「크리스마스 오라토리오 *Christmas Oratorio*」에서 발견된다.

혼자서 혼자서 무시무시한 숲에 있네
악은 잃어버린 인류를 감싸고 있음을 의식하네
아버지를 찾을까 싶어 우리를 방해하네
두렵게 위협하던 선은 선이 아니라네
혼자서 혼자서 무시무시한 숲에 있네

우리 손으로 파기한 율법은 어디 있는가
육체가 포기한 정의는 어디 있는가
육체가 수난 받을 권리는 마음에 있고
권력을 절대화하려는 마음의 의지는 어디 있는가
그것은 사라지고 또 사라지네
우리 손으로 파기한 율법은 어디 있는가

순례의 길은 수렁으로 인도하네
억지 웃음의 증거를 댈 수 있나
우리는 우리의 엄청난 무지에서 떠나야 할까
이것이 승자의 대답일까

순례의 길은 수렁으로 인도하네

어떻게 영원하신 자가 임의적인 행동을 할까?
어떻게 무한자가 유한한 행동을 할까?
아무것도 우리를 구원해 줄 수는 없네
죽어야만 하는 우리는 기적을 바란다네

비신화화의 목적에 관한 첫 번째 전제는 케리그마는 인간이 진정한 존재
가 될 수 있다는 잠재성을 객관화한 종교적 상징이라는 것인데, 바로 케리
그마가 실제로 상징하는 것을 알고 나서 이 전제는 설자리를 잃었다. 비역
사적 상징은 역사 내의 초월성을 상징화하기가 사실상 어렵다. 인간의 능
력을 객관화시키는 것도 하나님 앞에서의 무능을 상징하기에는 역부족이
다. 부리(Buri)가 문제는 케리그마의 비신화화가 아니라 케리그마의 제거
라는 사실을 인식한 것은 옳았다. 그러나 그가 정확히 인식하지 못했던 것
은 케리그마의 '발생했음(happened-ness)'의 제거가 아니라 그로부터 파
생된 케리그마의 실존적 의미였다.

이제 불트만은 케리그마가 상징하는 내용이 다른 종교적 상징들과는 다
른 의미임을 인식했다. 말하자면 역사 안의 초월성을 향한 상징으로 그것
은 역사적 상징인 것이다. 따라서 불트만은 적어도 이런 맥락에서 케리그
마는 예수의 의미에 대한 증언이 될 수 있다고 강조하였다. 이렇게 케리그
마가 비신화화될 때, "케리그마는 무엇에 용해되어 있는가?" 하는 질문에
대한 대답은 나사렛 예수라고 할 수 있다. 케리그마의 객관화(구체화)된
언어가 명료해질 때 우리가 만날 수 있는 것은 인간 존재가 초월을 향해 나
아갈 수 있는 하나님의 행동으로서 나사렛 예수이시다. 케리그마는 새로
운 '기독교'의 종교적 원리를 구체화시킨 것이 아니라 하나님과의 역사적

만남을 구체화시킨 것이다.

불트만이 취한 이 입장으로부터 한 걸음 더 나아가 '후기 불트만 학파'는 초기 교회 안에서 진행된 실제 비신화화는 케리그마 안에서 발생한 '역사화'의 과정이고 복음서를 기록하게 한 힘이 되었다고 주장한다. 이것은 독일의 저명한 주석가들이 비신화화된 신약의 케리그마의 의미를 정확히 이해했기 때문이다. 그들은 케리그마를 통하여 인간 본성에 내재한 원리들을 본 것이 아니라 초월성이 가능하게 된 사건으로서 예수를 본 것이다.

D. 새로운 탐구의 필요성

새로운 탐구의 신학적 필요성은 앞선 연구의 결과로 만들어진 상황 안에서 신학이 찾는 바가 무엇인지에 놓여 있다. 그것은 계몽주의 이후에 과학적 역사 기술이 등장함으로서 생겨난 제2의 길을 통해 이르는 역사적 인물 안에 구원의 사건을 위치시키는 케리그마의 발견에 있다고 하겠다. 이런 구체적인 상황을 고려하지 않는다면 역사적 예수에 대한 탐구의 어떤 신학적 요청도 있을 수 없다. 왜냐하면 예수는 케리그마 안에서 만날 수 있기 때문이다. 이런 맥락에서 믿음은 역사서에 의존하지 않으며, 사실 역사서는 오랜 세월 동안 기독교 신앙에서 예수에 관하여 존재의 의미가 없었던 경우가 대부분이었다. 그러나 신학적 책임은 우리가 서 있는 위치를 찾는 것과 관계가 있고, 역사적 예수의 탐구가 진행되어 왔으며 역사적으로 무의미하다거나 이상적인 추구라고 반대하던 사람들 가운데서도 완전한 포기를 가져오지 못한 우리의 상황과 불가분의 관계에 있다. 우리가 만일 실제적으로 우리 자신을 찾게 되는 상황을 신학화하려고 한다면 예수와 만나는 두 가지 길의 문제를 풀어야만 한다.

한 인격에게로 나 있는 두 가지 길은, 부활 신앙과 예수에 대한 실제적인 기억을 가진 사도 시대 이래로 교회 안에서 발견할 수 없었던 상황을 연출했다. 사도들은 자신들의 기억 속에서 케리그마를 발견할 때까지 직관적으로 그들의 기억들을 해설함으로써 그러한 상황에 대응했다. 다시 말하면 그들의 기억들을 '케리그마화' 한 것이다. 그들은 우리가 오늘날 그들이 기억하는 예수와 연관된 케리그마로부터 역사적인 예수에 대한 정보를 분리하려 시도할 때까지 이후 세대를 위한 그들의 상황을 은폐하였다. 적어도 어느 정도는 우리가 이를 통해 그들이 복음서를 기록할 때 만났던 상황을 유추할 수 있는 것이다. 그들이 경험했던 그 상황이 역사의 어느 시점에서도, 어떤 경우에도 불가능한 사도들의 고백을 우리의 신앙으로 고백하도록 하는 것은 아니다. 오히려 새로운 탐구가 요청되는 일반적 상황 안에 내적 논리가 있다. 그러므로 우리가 눈을 돌려야 하는 것은 바로 이러한 내적 논리이다.

최근의 케리그마에 대한 신약 연구의 한계는 중요한 외부적 결함을 가지고 있다. 그것은 예수를 오직 그리스도인들이 신앙적으로 만남으로 의미 있게 된 용어로 이해하기 때문에 예수의 역사적 실체의 구체성을 흐리게 한다는 사실이다. 최근 신약의 케리그마에 대한 연구가 선포된 하나님의 말씀의 역사성에 주목하게 했다면, 예수의 메시지에 관한 연구는 성육의 육체성에 주목하게 했다고 할 수 있을 것이다. 복음서의 그리스도를 유대 종말론적 종파의 맥락에서 볼 때의 충격은 마치 얼굴의 반은 정상적으로 표현되고 반은 날라가 버린 형상을 표현함으로써 우리의 머릿속에서 벌어지는 일들에 대하여 통찰을 제공하는 피카소의 초상화를 보는 충격에 비할 만하다. 초상화의 전통적인 반쪽에 집착할 때 관습적인 생각과 '무의식' 속의 생각이 인격의 실체를 구성한다는 사실을 염두에 두어야만 한다. 19세기 탐구의 형식상의 오류는 '육에 따라' 변증법적이지도 않고 역설적이지도 않게 예수를 주로 이해하고, 한편에서는 단지 예수를 '율법 아래서 한 여자에게로부터' 난 자로 이해하기도 했다. 그러나 탐구를 포기하면서 지난 세대는 예수를 1세기 유대교의 역사적 재구성 안에 묶어 두었고, 그 안에서 "율법 아래 한 여자에게서 났지만 율법에 매여 있는 자들을 구원하러 오셨다"는 초월의 기독교 변증법, 또는 역설을 무시했다.

케리그마는 그 메시지를 전달하기 위하여 얼마나 많은 신화적 개념을 사용하고 있는지에 관계없이, 신화적 사상을 선포하는 것이 아닌 한 역사적 인격에 대한 존재론적 의미를 선포하는 것이다. 만약 역사적으로 증명된 주님을 찾는 것이라면 케리그마는 '육에 따른' 예수와 관계가 없다고 결론 내릴 수도 있겠지만 분명히 케리그마는 그 중심에 하늘의 주님이 '율법 아래서 한 여자로부터' 태어나 역사적 인물이 되었다는 의미에서 '육체를 입은' 예수와 깊은 관계가 있는 것은 분명하다. 예수의 역사성에 대한 케리그마의 이 같은 강조는 케리그마가 '육을 따른' 삶으로부터 우리를 자유롭게 하고 '육체를 입은' 삶의 충만한 의미를 선포하기 때문에 존재론적으로는 필수적이다.

새로운 탐구를 요청한 것은 바로 예수의 역사성에 대한 케리그마의 이 같은 관심 때문이었다. 현대 역사 기술의 등장으로 실제적으로 얻게 된 예수의 긴요한 역사성을 어떻게 그와의 역사적 만남이 의미하는 바가 적실하지 않다는 사실을 유지하면서 확증할 수 있을까? 그러한 입장은 케리그마의 예수가 하나의 신화에 불과하다는 결론으로 이끌 수밖에 없다. 이는 예수의 역사적 인격이 적실하지 않다고 선언하는 것이기 때문이다. 더 이상 누구도 부르노 바우어(Burno Bauer)나 알버트 칼토프(Albert Kalthoff), 피터 얀센(Peter Jensen), 스미스(W. B. Smith), 아더 드루(Arthur Drews), 카우치우드(P. L. Couchoud) 그리고 최근에는 공산주의 선전물과 같은 예수의 역사성에 대한 비현실적인 비판을 귀 담아 듣지 않기 때문에, 예수의 역사성은 질문할 여지가 없다는 연구 결과의 의해 케리그마의 요구 사항이 충족될 수도 없다. 신화는 단순히 역사적 인격의 이름을 가져온다고 해서 역사적이 되는 것은 아니다.

이것은 아마도 십자가와 관련해서도 설명될 수 있을 것이다. 십자가의 역사성이란 일반적인 단어의 의미로는 의심의 여지가 없다. 십자가는 이러한 사실성에도 불구하고 만일 예수의 죽음이 그의 존재론적인 자아로부터 완전히 구별되어 육체적이고 생물학적인 죽음이고 우연적이거나 비자발적인 죽음으로 비쳐진다면, 그것은 존재하지 않는 자아에 대해서 말을 하는 예수의 신화적인 케리그마가 되는 것이다. 오직 예수의 죽음이 자신의 죽음을 수용하고 초월의 삶을 선택하는 존재론적 행동이었을 때만이 역사적 사건이 되는 것이다. 리츨 학파에 대한 반작용으로 공적 사역과 구별되는 십자가 사건의 연대기적 독특성을 공적 사역과의 신학적 분리로 이해한다면 십자가는 오해될 수밖에 없다. 십자가는 "회개하라, 천국이 가까웠느니라"고 외치던 예수의 메시지의 정점에서 구현된 사건으로 해석되어야 한다. 이 메시지는 현재 악한 세대로부터의 극단적인 단절을 의미하고 이 세계에서 자신의 죽음을 받아들인다는 것을 의미한다. 이와 같이 죽음 안에 있는 초월의 계시는 부활의 케리그마가 주장하는 것처럼 역사 안에서의 종말론적 구원의 사건이 될 수 있다. 그러나 역사적 예수의 새로운 탐구 없이 어떻게 예수의 죽음과 실존적 자아의 관계를 밝힐 수 있을까?

케리그마와 역사와 관련해서 중요한 핵심은 케리그마가 예수에 관한 상세한 역사적 기억들을 보존하고 있느냐 그렇지 않느냐에 있는 것이 아니라 오히려 케리그마는 역사적 인격에 대한 중요한 평가라는 사실이다. 케리그마는 사람들로 하여금 예수의 생애 가운데서 단편적인 사실들의 역사성을 연구하게 하는 것이 아니다. 그것은 그의 삶에 대한 특별한 이해에 관심 갖게 한다. 이처럼 케리그마는 객관적으로 확증된 사실들에 관심 있는 것이 아니기 때문에 19세기 역사 기술의 관심 대상이 아니다. 그러나 케리그마가 어떤 역사적 사건의 의미를 궁구한다는 점에서 현대 역사 기술의 목표와 일치하기 때문에 20세기의 역사 기술과는 공통점을 갖는 것이다.

현대 역사 기술은 케리그마가 촉발시킨 만남, 곧 예수와의 실존적 만남을 중재함으로 기독교 신앙에 아주 중요한 위치를 차지하게 되었다. 케제만이 역사적 예수 탐구의 재개를 요구했던 글은 불트만이 예수의 메시지를 초기 기독교 상황에서 분리하여 신약신학의 전제대로 유대교 전통 안에서 이해하려는 과정에 의해 촉발된 것이다. 비록 이러한 분류가 사상사에만 국한된다면 그렇게 중요하지 않거나 겨우 정당화될 수 있겠지만 불트만이 『예수와 말씀』 서문에서 밝힌 대로 우리가 실존적으로 자아를 구성하는 존재의 의미와 의도, 나아가 인격을 만나는 것은 메시지를 통해서라는 사실을 인식할 때 그것은 예수의 인격의 중요한 이슈가 된다. 그러한 만남이 종말론적 사건이 아니라면 역사적 예수의 메시지나 의도, 인격은 케리그마가 말하고 있는 예수의 실체와는 다르다고 결론 내려야 한다.

이것은 불트만이 비판했던 바르트의 '신앙인' 개념처럼 케리그마의 예수가 해체적 비평의 대상이 되어야 함을 의미한다. 불트만은 바르트가 다음과 같이 믿고 있었다는 것을 알지 못했다. "역설의 지나친 과정이 아닌가? 만약 신앙이 모든 심리적인 것과 분리되어, 의식의 너머에 있다면 그것은 여전히 실재라고 말할 수 있을까? 그러한 신앙에 대한 언급은 단지 어리석은 편견이 아닌가? 결코 내 자신이 아닌 나의 '자아'에 대하여 말하는 것이 무슨 이득이 있을까? 내가 모르는 신앙, 기껏해야 내가 가지고 있다고 믿는 신앙에 대하여 말하는 것이 무슨 의미가 있을까? 이것은 내 의식을 초월하지만 실재하는 관계로서 나의 자아와 높은 차원의 세계와의 관계를 말하고, 실제에 있어 나와는 격이 다른 세계의 존재를 주장하는 영지주의나 인지주의(anthroposophism)에서처럼 단순히 생각이 아닌 가시적 자아와 비가시적 자아 사이에서 요청되는 실제적인 정체성인가? 의식 너머의 신앙은 '불가능한 가능성'은 아니지만 모든 점에서 '불합리하다.' 예수의 역사적 존재 너머의 성육이 불합리하지 않은가? 불트만이 초기 기독교에서 예수의 메시지를 분리한 것은 결국은 '기독교 신앙은 역사적 예수의 중요성이 부각되지 않는 고양된 주님에 대한 신앙이었음'을 의미한다."

이것은 신앙이 예수가 그의 문화 가운데서 어떤 특별한 호칭을 취했는가 혹은 케리그마가 예수의 죽음과 부활에 관하여 말하고 있는 것처럼 그가 말을 했는지 하는 사상사적인 질문에 달려 있다고 말하는 것은 아니다. 그러나 복음서 저자가 예수는 두 가지 모두를 했다고 할 때, 그들은 단순히 자신들의 역사적 능력 부족을 은폐하고 케리그마를 예수에 의해 고안된 체계로 변화시키거나 조화시키는 것이 아니라, 구체화된 사상의 역사에 관하여 비록 부적합한 형태이지만 언급함으로써 케리그마가 신화가 아니며 나사렛 예수의 메시지에 전제된 역사적 존재에 관한 것임을 제시하고 있다는 것을 의미한다. 비록 진정성 있는 많은 예수의 말씀을 통해서도 이 역사적 존재를 객관적으로 증명하지 못하더라도, 그것들은 정통 교리로 자리 잡았는데 그것은 역사적 존재를 실존적으로 이해하고 역사적으로 만났기 때문이다. 예수와의 만남 속에서 너무 인간적인 유대 종말론적 메시지 안에 있는 하나님의 영원한 말씀을 인식하고, 그래서 하나님의 은혜로 살아가기 위해 현재의 악한 세대로부터 분리해야 하는 난관에 봉착하면 역사적 예수의 새로운 탐구가 모든 것을 증명할 수 있을 것이라는 결론을 얻는다. 왜냐하면 예수와의 만남 속에서 우리는 케리그마에 제시된 것과 똑같은 실존적 결단에 직면하기 때문이다. 역사적 예수의 탐구는 케리그마가 사실임을 증명하는 것이 아니라, 케리그마와 관련한 실존적 결단이 예수와 관련한 실존적 결단임을 증명하는 것이다.

제5장 새로운 탐구의 과정

A. 새로운 탐구의 목표와 문제점

역사적 예수의 새로운 탐구는 단순히 최초의 탐구의 연속이 아니다. 이는 탐구의 목표를 비교해 보면 분명해진다. 최초의 탐구를 촉발시켰던 다양한 요인들은 최초의 탐구와 함께 사라졌다. 서구의 세속화가 진행되면서 반성직자주의는 우리 시대의 가장 훌륭한 인재들의 도움을 얻는 데 실패했다. 교회에 반대하던 사람들은 성서학계에 참여하기 위하여 교회의 전통에 충분히 젖어들기가 쉽지가 않았다. 역사적 예수 탐구에 참여 여부를 판가름할 지식 계급이 더 이상 없을 정도로 전문화가 진행되었기 때문이다. 정통 교리를 좀더 현대적인 신학으로 대체시켜 보려는 바람도 주도적인 동기 부여는 할 수 없었다. 서구 문명의 정통 교리에 대한 집착은 와해되었고, 오직 돈키호테 같은 사람만이 정통 교리를 고수할 수 있었다. 더 이상 예수의 역사성 논의를 불러일으켰던 아더 드루나 카우치우드 같은 학자들의 지지를 얻을 수 없었다. 이성의 시대는 기적적인 요소들을 제거함으로써 기적 이야기의 역사성을 증명하고 싶어했던 변증적인 관심과 함께 저물었다. 기적적인 요소를 제거하는 것은 기적의 이야기가 증명했던 예수의 생애의 종말론적 의미를 제거하는 것이었다. 우리는 예수의 인격이 오늘날 신학에 실제적인 의미를 부여하는 요소로 재건될 수 있다는 사실을 모르고 있다. 자료들에 내재한 장애들을 차치하고, 현대인은 자신들의 문제에 너무 민감하여서 예수의 인격과 같은 매력적인 인격의 미끼에 쉽게 걸리고 만다. 예수의 가르침의 정확한 재구성이 기독교의 정당성을 확립하는 윤리적·신학적 체계를 산출할 수 있는 것은 아니다. 우리는 기본적으로 역사적 재구성이 **실존적인** 투신을 요구하는 **종말론적** 사건으로서 예수를 선포하는 케리그마를 증명할 수 없다는 사실을 알고 있다.

새로운 탐구의 목적은 최초의 탐구가 목적들을 잃고 좌절한 후에 어떤 요인들이 이러한 탐구가 가능하고 필요하다고 느껴지게 했는지에 관한 질문에서 찾아야 한다. 새로운 탐구는 케리그마가 현대 역사 기술을 통해서도 만날 수 있는 역사적 인물인 예수와의 실존적인 만남을 중재하기 때문에 반드시 수행되어야 한다. 그러나 새로운 탐구가 케리그마의 진리, 즉 이 인격이 실제로 초월에 닿아 있고 나의 역사적 존재 안에서도 초월을 가능하게 할 수 있는가 하는 문제를 확증할 수는 없다. 다만 예수의 존재에 대한 케리그마적인 이해가 현대 역사 기술을 통해 조우할 수 있는 예수의 역사에 내재한 존재 이해와 상응하는가에 대한 문제는 연구할 수 있다. **예수의** 존재와 관련해서 **케리그마의** 존재 이해가 동일한 것으로 인정된다면 이것은 예수에 대한 현대 역사 연구의 성과임이 분명하다. 이러한 연구는 가능한 나의 존재 이해로서 또한 적법한 목표로서 역사에서 일어났던 존재 이해의 해명을 추구했기 때문이다. 이렇게 역사적 예수의 새로운 탐구의 목적은 **예수의** 존재와 예수에 대한 **케리그마의** 존재 이해를 동일화시킬 수 있는지의 여부를 판단하기 위한 것이다.

목적 있는 연구로서 새로운 탐구는 그 목적이 빚어낸 핵심 문제 주변을 맴돌 것이다. 이것이 연구에 연관된 수많은 구체적인 문제들이 사라질 것이라든지 혹은 더 이상 해답을 요구하지 않는다고 말하는 것은 아니다. 오히려 개별적인 문제의 해답은 핵심적인 문제의 답을 얻는 것과 긴밀한 관계가 있을 것이다. 새로운 탐구의 경우 이 핵심적인 문제는 케리그마와 비교될 수 있는 예수의 역사적 행위와 실존적인 자아를 이해하기 위하여 사용하게 될 가용한 전승 자료와 역사적 방법론으로 이루어져 있을 것이다.

이 탐구만의 독특한 개별적인 문제들이 등장하는 것은 바로 이 핵심 쟁점으로부터이다. 어떤 사람은 케리그마에서 가질 수 있는 해석의 전체성에 비견될 만한 전체 인격과의 만남을 바란다. 그러나 인격의 전체성은 연대기적이고 발달론적인 지속성 측면에서 얻을 수 있는 것이 아니다. 오히려 전체 인격은 예수의 의도와 자아가 담긴 개별적인 말씀과 행위를 만남으로써 도달할 수 있다. 이렇게 전체와 관련한 예수 말씀과 사건의 관계가 지속적으로 제기되는 적실성의 문제였다.

복음서는 이 문제를 풀기 위한 나름의 방법이 있었다. 그것은 예수의 입술에 케리그마를 담는 것과 전체적으로 복음서가 분명해지도록 전통으로부터 빌려온 개별적인 단위들을 제시하는 것이다. 우리는 예수가 레위를 부를 때 "나는 의인을 부르러 온 것이 아니요 죄인을 부르러 왔노라"(막 2:17)는 말씀을 듣고, 듣지 못하고 보지 못하는 사람을 치유할 때 "그가 모든 것을 잘하였도다. 못 듣는 사람도 듣게 하고 말 못하는 사람도 말하게 한다"(막 7:37)는 말을 듣는다. 그러한 전승은 교회의 케리그마의 전통적인 언어를 그대로 빌려온 것이 아니라 독창적인 방법으로 케리그마화한 것이다. 그 전승들은 구체적인 예수의 이야기를 담고 있지만 지상의 예수로부터 시작해서 천상적인 주님의 보편적 구원 역사가 드러나는 데까지 지평을 확장한다.

비록 복음서 저자들이 개별적 장면 속에서 그들의 방법으로 전체적인 인격과 대면했다 하더라도 그들의 방법이 새로운 탐구의 방법론이 될 수는 없다. 교회의 케리그마적 언어가 그러한 예에서 반드시 발견되는 것도 아니라 할지라도 그것들은 케리그마화된 이야기일 뿐이다. 말하자면 그것들은 부활 신앙을 반영하고 있는 것이다. 그러나 우리 앞에 놓인 문제는 이런 케리그마적인 의미가 현대 역사 기술을 통해서 만나는 전체 인격과의 대면 속에서도 발견되느냐 하는 것이다. 따라서 방법론은 현대 역사 기술의 차원에서 논의되어야 한다.

B. 역사비평적 방법의 계승

새로운 탐구와 최초의 탐구를 구별 짓게 하는 요소 가운데서 새로운 탐구가 역사적 지식을 위해서 필수불가결한 객관적인 언어학적·비교종교학적·사회역사적 연구 없이는 불가능하다는 사실을 주지해야 한다. 현대 방법론은 역사에 대한 새로운 이해로 이러한 방법론들과 단절을 꾀하는 것이 아니라 그것들을 목적이 아닌 수단으로 바꾼 것이다. 어떤 사건이나 세계관에 대한 '설명'은 단순히 그 외적 원인이나 사상의 근원이 되었던 전승을 규명하는 것으로 끝나지 않는다. 한때 역사의 '진실' 혹은 '실제'로 칭송받던 것들이 오늘날 대부분 자체적인 결함을 가진 것으로 규명되고 웃음거리가 되었다. 그럼에도 불구하고 외적 원인에 대한 지식이나 근원적 관념을 궁구하는 것은 깊은 차원의 이해를 위해 필수적이다. 현대 방법론은 분명히 객관적 분석과 실존적 개방성의 조합의 상호 작용으로 이루어진다. 즉, 현상적 객관성과 실존론적 '객관성'의 동시적 상호 작용 안에서 역사적 이해를 추구한다.

현대 역사 기술을 위해서 역사비평적 방법론을 사용하는 일은 신학적 이유에서 반대에 부딪혔다. 신학적 이유라 함은 역사를 연구하기 위해서 두 가지 방법을 취한다면 결과론적으로 두 가지 종류의 역사적 실체를 얻게 되는 것은 아닌가하는 의문에 기인한다. 그러나 이것은 사실이 아니다. 두 종류의 원자 하위계를 각각 연구해야 한다는 추론 없이도 상보적인 방법이 파장의 특성이나 분자의 특성을 산출할 수 있다고 믿는 현대 물리학만큼 인식론적 상황이 존재론적 추론을 필요로 하는 것은 아니다. "모든 역사적 사건은 이해를 지향한다. 그리고 그 이해와 함께 미래를 창출한다. 역사적 현상을 미래와 결부시키거나 결부시키지 않는 순수 이성적 가능성은 기본적으로 역사의 실제 영역 안에서 설득력을 얻는다." 사실 우리는 '1세기에 사장된 유대교라는 컨텍스트 안에서의 예수'와 '나의 존재의 이해를 가능케 하는 예수'의 상호 작용을 통해서 천상의 주님과 역사의 예수를 동일시하는 케리그마와 같이 현대 역사 기술의 맥락에서도 형식적 유비를 찾을 수 있다.

연구에 참여하는 역사가의 자아와 관련하여 서로 비슷한 비판이 제기되었다. 역사를 연구하는 두 가지 방법론은 결과적으로 두 가지 종류의 자아를 전제하는 것은 아닌가? 만약 자아가 우리가 투신한 '세계'로 구성되어 있고 비판적 학자들의 객관화된 '세계'가 실존적 '세계'와 다르다고 한다면 각각의 경우마다 주제는 다른 것이 아닌가? '나와 그것'의 관계에서의 '나'는 필연적으로 '나와 당신'의 관계에서의 '나'와 다른 것이 아닌가? 우리는 이 질문에 우선 '예'라고 답할 수 있다. 그러나 이 두 가지 자아는 새로운 탐구를 통해서 예수를 만난 '나'와 케리그마를 통해서 만난 '나'에는 적합하지 않다. 새로운 탐구는 순수하게 객관적인 연구에 국한되지 않고, 예를 들어 '나와 당신'의 관계처럼 예수의 인격과 실존적인 대면을 추구한다. 역사적 예수가 케리그마와 비교될 수 있는 것은 오직 예수의 실존이 나에게 말을 걸 때뿐이다. 나는 자동적으로 케리그마와 '나와 당신'의 관계를 정립할 수 있는 것은 아니다. 왜냐하면 실존적으로 케리그마를 만나기 위해서는 먼저 신약성서로부터 케리그마적인 파편들을 분리해야 하기 때문이다. 이것은 인간적인 관계에서도 예외가 아니다. 어떤 사람의 존재가 나에게 의미가 있기 위해서는 본능적으로 '역사-비평적' 연구가 수반되어야 한다. 이렇게 변화하는 자아는 인간 실존의 역사성에 내재한 변증법이기도 하다.

변증법이 물론 하나님과의 만남 가운데서 영원히 해결되는 것은 아니다. 오히려 역사적 만남이 계시가 되는 곳에서 발견되는 높은 차원의 부가물을 통해 강화된다. 그것은 그리스도인이 하나님을 대면할 때 기독교에 대한 반발도 동시에 직면해야 할 필요는 없다고 확신하게 하는 정교한 형태의 완벽주의 혹은 영광의 신학이다. 은혜는 심판 가운데, 죽음에 깃든 생명에, 역사적 모호성에 숨어 있는 계시 속에 있다. 독특한 그리스도인의 존재적 특징을 발견할 수 있는 곳은 세속적 개입을 통해서가 아니라 바로 옛 사람에서 새 사람으로의 변증법적 변화에서이다(고전 13:8-13). 그리스도인의 존재를 '죄인이자 의인이며 늘 회개하는 존재(*simul peccator et iustus, semper penitens*)'로 이해한 루터의 주장을 상기할 필요가 있다.

역사적 예수 연구에 있어 역사비평적 방법론의 사용에 대한 또 다른 비판을 언급해야겠다. 비록 이 비판이 역사비평적 방법론을 사용하지 않게끔 설득하지는 못하지만 방법론이 지니는 기본적 문제점에 대하여는 주목하게 한다. "우리가 차용한 역사비평적 방법론에 따르면 주님의 말씀 전통에서 예수에 관한 진정한 자료들을 확보하고 있는데, 그 자료들은 초기 교회의 설교나 유대교와는 관계가 없는 것이다. 따라서 예수의 설교를 추적하려는 가장 확실한 방법으로 부활 이후의 케리그마를 지향하는 모든 것은 예수의 설교로 생각될 수 없다는 방법론적 전제를 한 층 더 강화한다. 그렇다면 이 연구의 결과가 신학적으로 가지는 의미는 무엇이어야 하는가?"

이 비판은 사람들로 하여금 이러한 방법론이 주로 예수의 변조로서의 케리그마를 거부했던 최초의 탐구와 관련해서만 의미가 있었을 뿐이라고 생각하게 하며 따라서 예수를 신학적 변용으로부터 구별하도록 했다. 그러나 자세히 보면 그것은 방법론의 문제가 아니라 최초의 탐구에서 기인한 제한된 결과물을 절대화한 데서 비롯되었음이 분명하다. 이후의 해석으로부터 역사적 사건들을 분리하려는 노력은 후기 해석과 부합하지 않는 전통 내의 세부 사항에 대한 역사성을 묻는 것만큼이나 바람직한 연구의 과정이다. 사실 요한복음의 경우처럼 케리그마가 복음서 저자에 의해서 예수의 입에 담겨진 경우가 있다. 만약 이것이 역사적으로 실제 발생한 것이라면 '진정성 없는' 자료로부터 '진정한' 자료를 구분하는 것은 역사가가 밟아야 할 당연한 수순인 것이다.

역사비평적 방법론의 한계를 인식하지 못하고 사용할 때는 분명히 부적절하게 된다. 비록 어떤 종파의 창시자가 그가 세운 종파와 많은 부분 유사점이 존재한다고 생각해도 이 방법론은 예수와 교회 간에 존재하는 공통분모에 도달할 수 없다. 왜냐하면 이 방법론은 예수가 적어도 '그리스도인'이었다는 전제 하에서만 예수의 역사성을 확신할 수 있기 때문이다. 그 '역사성'은 교회의 견해를 대변하는 것이 아니라는 주장에 근거하며 따라서 교회로부터 시작된 것일 수는 없다. 역사적 예수의 새로운 탐구가 본질적으로 예수와 교회의 케리그마가 공통적으로 가진 부분에 대한 연구이기 때문에 역사적 자료를 규명하려 하는 현재의 방법론의 한계는 명확할 수밖에 없으며 이러한 방법론적 난제들을 인식할 필요가 있다.

C. 방법론적 난제

전통적인 방법론에 내재한 한계들은 방법론적 고찰들이 미결로 치부해 버린 난제들을 해결하기 위한 노력들에 의해서 정확하게 파악될 수는 없다. 케리그마는 복음서에서 예수의 입술에 담겨진 음성적 표현(*expressis verbis*)에서 발견된다. 따라서 예수와 케리그마의 관계에 대한 가장 명확한 해답은 예수 스스로가 케리그마를 선포했다고 하는 것이다. 그 스스로가 케리그마에 표현된 것과 같이 고양의 직책을 요구하고 죽음과 부활을 예고했다고 말이다. 그러나 작금의 방법론에 의해 역사성이 의문시되어 유기된 문제가 바로 예수의 케리그마적 말씀이다. 왜냐하면 이 말씀들은 분명히 교회에서 천상적 주님의 말씀으로 생겨나기 시작했고 천상적 주님과 지상적 예수의 통합을 위하여 '나머지' 예수의 말씀도 자연스럽게 전해져 온 것이기 때문이다.

아마 이런 문제의 고전적인 예가 '인자'라는 칭호가 될 수 있을 것이다. 이것은 예수가 가장 빈번하게 복음서에 사용한 칭호이며 주로 수난 예고와 연결되어 언급되어졌다. 예수가 과연 이 칭호를 스스로에게 부여했는가 하는 논쟁은 거의 1세기 동안 지속되었고 아직도 미결의 문제로 남아 있다. 비평적 입장의 학자들은 '인자' 말씀을 세 그룹으로 나눈다. 미래적 '인자'를 암시하는 묵시 문학적 말씀과 예수의 수난을 '인자'의 수난과 연결하는 말씀, 그리고 예수가 공적 사역 기간 동안 자기를 나타내는 칭호로 '인자'를 사용한 말씀이다. 묵시 문학적인 말씀으로 이해한 첫 번째 그룹은 타당한 것으로 인정받고 있으나 예수는 분명하게 자신을 미래적 '인자'와 동일시하지 않았다. 수난과 관련한 말씀은 이미 벌어진 사건을 기초로 만들어진 예언이라 하여(*vaticinia ex eventu*) 설득력이 없는 것으로 판명되었다. 세 번째 그룹의 말씀들은 아람어의 숙어를 오역한 데서 기인한 것으로 보인다. 즉, '인자'라는 의미가 아니라 단순히 '사람'—고후 12:2의 '나'—을 의미하는 아람어를 오역하였거나 인칭대명사 '나'의 대용어를 '인자'로 오역한 것이다. '인자' 칭호의 이와 같은 분석을 통해서 얻는 결론은 분명하다. 예수는 '인자'이기를 요청하지 않으셨다. 이 입장은 보수 진영의 반대에 부딪히기도 했는데 그들은 '인자' 칭호가 초기 교회에서 사용한 기독론적 칭호가 아니며 따라서 예수가 스스로에게 그 칭호를 사용하지 않았다면 예수에게 '인자' 칭호를 부여할 이유가 없다고 주장한다. 물론 각 진영에서 개인적인 주장을 고려하면 많은 차이가 존재한다. 더욱이 새로운 통찰들은 가치가 있는 새로운 해결의 가능성을 던져 주기도 한다. 따라서 '인자'와 같은 고전적인 문제들에 대한 연구는 의미 있게 지속될 수 있다. 그러나 학계는 무작정 그들의 해답을 기다릴 수는 없으며 대신 예수와 케리그마를 비교할 새로운 방법을 모색해야만 한다.

D. 새로운 탐구의 기본적 문제점

케리그마와 같은 예수의 말씀의 역사성 문제는 방법론적 고찰들을 통해서 무기한 연기되었다. 그러나 같은 방법론에 근거해서 역사성이 인정될 수 있는 예수에 관한 자료들도 존재한다. 그 자료들은 예수의 유대교적, 팔레스타인 배경에서 이해되는 것들이며, 교회의 독특한 견해가 빠져 있고 교회가 인정할 수는 있지만 표현했을 리 없는 특징들을 담고 있기 때문에 초기 교회에서도 기원을 찾을 수도 없는 자료들이다.

엄밀하게 현재의 방법론을 적용함으로써 얻게 된 자료들은 처음에는 역사적 예수의 새로운 탐구의 목적과 문제와 그다지 관련이 없어 보인다. 예수 말씀 전통에서 교회의 케리그마적인 특징들이 제거되었기 때문에 예수와 케리그마를 비교하는 것은 거의 가치가 없어 보이기 때문이다. 그러나 이것만은 사실이다. 이 방법론의 적용으로 얻은 무엇보다 중요한 사실은 비교적 확실하게 역사성을 확보한 자료들을 얻게 되었다는 것이다. 케리그마와 관련하여 분명하게 객관적 태도를 유지하던 방법론의 객관성이 케리그마적인 말씀과 예수의 관계가 정립되지 못해서 성취할 수 없었던 역사적 예수와 케리그마의 비교를 위한 비케리그마적인 자료의 중요성을 부각시켰다. 역사성이 확보된 자료는 그 양과 질에서 예수와 역사적 만남을 성사시키기에 충분하다. 그래서 예수의 행위와 내재한 의도, 행위가 함축하고 있는 존재 이해와 자아 모두를 역사적으로 만날 수 있게 되었다. 그리고 이것은 케리그마와 비교될 수 있고 케리그마가 전하는 의미는 그것을 전달하는 언어를 통해 빛나기 시작한다.

새로운 탐구의 목적과 핵심 쟁점들에서 비롯된 개별적 문제들은 예수와 케리그마 사이의 비교와 대조를 통해서 찾을 수 있다. 몇몇 대조를 통해 얻은 사실들은 너무 근본적인 것이어서 심지어 비교할 것도 없이 첫 번째 위치를 차지하는 경우도 있다.

케제만이 그런 대조 가운데 하나를 제시했다. 역사적 예수는 과거에 속한 인물이다. 오로지 케리그마 안에서 예수는 현재의 나를 만난다. "사람들은 부활 이전과 이후의 신앙의 변형을 말하고 싶어하기 때문에 '일회적(once)' 인 것이 '모든 것을 위한 단번의(once for all)' 것이 되었다고 말할 수 있을 뿐이다. 죽음으로 끝나버린 예수와의 만남은 요한복음이 묘사하는 것처럼 고양된 주님의 현존으로 변화된 것이다." 그러나 방법론적으로 말하자면, 역사서를 **통해서** 만난 역사적 예수는 여전히 '동시대성'이 문제시되는 신약성서의 케리그마가 그러하듯 나의 현재적 실존 이해라고 말할 수 있다. 사실 이것이 케제만이 봉착한 문제였다. 역사적 예수의 새로운 탐구는 "역사적인 잔재들이 우리로 하여금 예수의 메시지가 여전히 오늘날 우리에게 의미가 있고 하나님의 현재적 행동을 증언한다고 설득하지 못하기 때문에 복음서를 대체할 수는 없다. 오직 기독교 선포에 근거한 신앙이, 작은 부분에 있어 역사성을 인정받고 있지만 여전히 문제점이 있는 역사적 잔재들로부터 하나님의 신적 개입의 확실성을 추론할 수 있을 뿐이다." 그러나 이 모든 것이 신약성서의 케리그마에도 적용된다. 이러한 병행은 사실 '케리그마'라는 용어가 모호하게 신약성서 안에 포함된 초기 교회의 설교를 지칭하는 용어로, 혹은 설교 강단으로부터 오늘날 만나는 하나님의 말씀을 지칭하는 용어로도 사용되는 이중성에 의해 더욱 불명확해진다. 그러나 초기 그리스도인의 케리그마가 나의 구체적인 역사적 상황 속에서 동시대적이 될 수 있다고 한다면 적어도 원리상으로는 역사적 예수도 그럴 수 있다.

보른캄도 '일회적'인 것이 부활 때에 '모든 것을 위한 단번의' 것이 되었다는 케제만의 기본적 도식을 수용하면서도 다소 다른 설명을 덧붙인다. 그것은 '예수의 역사'의 '일회성'이 '세계와 관계된 하나님의 역사'의 '모든 것을 위한 단번성'으로 변화되었다는 것이다. 그러나 '세계와 관계된 하나님의 역사'는 단순히 케리그마에 의해 예수의 역사에 부여된 해석일 뿐만 아니라, 이미 예수 스스로의 역사에 존재하는 의미이다. 예수의 역사의 '일회성'이 하나님의 구원 사건의 '모든 것을 위한 단번성'이 되기 때문이다. 예수는 자신의 초월적 자아가 역사에 개입하시는 하나님의 개입으로 이루어졌음을 의식했다. 그래서 이 자아의 본성을 연구하면 이기주의적인 자아가 아니라 그 본질에 있어 남을 위한 이타적인 자아임을 보게 된다.

그것이 바로 예수가 현재의 악한 세대 속에서 자신의 죽음을 수용해야만 했던 종말론적 자아의 내용이다. 마가복음 8장 35절의 역설적인 말씀은 이러한 맥락에서 의미가 있다. "누구든지 자기 목숨을 구원하고자 하면 잃을 것이요 누구든지 나와 복음을 위하여 자기 목숨을 잃으면 구원하리라." 죽음을 수용하면서 그는 마귀의 권세인 죽음의 공포에서 자유로울 수 있었고 그곳에 바로 그의 초월성이 있다. 그러나 예수가 자신을 발견하는 종말론적 상황은 아직 최종적 축복의 자리가 아니라 회개하는 자에게 죄사함이 주어지는 '마지막 때'였다. 이런 상황의 측면도 예수의 자아를 구성하였다. 이렇게 예수의 자아는 세계를 향한 종말론적인 '징표'로서의 역할 가운데서 긍정적인 표현을 찾았다. 그는 자아의 이러한 긍정적 표현들을 고집한 후에 죽음을 맞이했다. 따라서 그의 죽음은 종말론적 자아의 실현으로 볼 수 있다. 죽음의 공포라는 마귀의 권세로부터 자유함으로써 자신의 생명을 이웃을 위해 줄 수 있었다. 그의 자아는 교회에 의해서 처음으로가 아니라 예수 자신에 의해 이미 우리를 위한(pro nobis) 삶으로 해석되었다.

케제만과 보른캄이 도출한 도식은 부활의 독특한 의미를 인식했기 때문이다. 실제로 부활은 제자들에게 있어 예수의 초월적 자아의 계시**였다.** 부활 때에 드러난 것은 케리그마의 주장처럼 예수의 초월적 자아였다. 비록 예수의 생애와 분리되었지만 부활의 경험은 제자들이 예수를 역사적으로 대면한 최고점이었다. 그래서 제자들이 케리그마에서 증언한 것은 다름 아닌 **예수의** 자아였다. 이렇게 예수의 초월적 자아를 역사적으로 만날 수 있다는 생각을 견지하는 것은 부활을 축소하려는 것이 아니라, 오히려 부활이 필수불가결한 전제라는 사실을 확인하는 것이다.

역사적 예수와 케리그마가 충분히 비교될 수 있을 만큼 상응하는지에 대한 기본적 문제는 다른 방식으로 제시되어야 한다. 케리그마는 우주적 차원의 종말론적 구원 사건을 선포한다. 어떻게 예수의 자기 이해가, 그 이해가 무엇인지에 관계없이, 역사의 흐름과 우주의 상황에 대한 케리그마의 이해와 비교될 수 있을까? 자기를 개인적인 자율성의 차원에서 이해하고, 주체로서 자기의 이해가 우리가 객체로서 마주치는 우주나 역사적 상황의 이해와 매우 다르다고 한다면 이것은 매우 타당한 논의가 될 것이다. 자아가 자기의 역사성에 근거해서 그려질 때, 다시 말하면 자아가 자신이 투신한 '세계'나 '컨텍스트'의 차원에서 구성된다고 인식할 때 자기 이해는 자기가 존재하는 '세계'의 이해를 포함한다는 것은 분명하다. 예수의 경우, 세례 요한이 소개한 종말론적 상황에 자신을 투신하였기 때문에 그의 자아는 종말론적이고 그의 생애는 초월적이었다. 세례 시에 그는 비종말론적 '세계'에 세워져 있었던 이전의 자아를 '회개하고' 요한의 종말론적 상황에 대한 메시지를 믿음으로써 '인자' 칭호에서 궁극적으로 발견되는 종말론적 자아를 확신했다.

그러나 예수의 자아 이해는 케리그마의 역사나 우주의 흐름 가운데서 극적인 변화라는 개념과 양립할 수 없다는 비판이 훨씬 거세게 일었다. 자아가 개인주의적으로 인식되었든지 혹은 인간 존재의 역사성의 측면에서 고려되었든지 관계없이, 예수가 새로운 자아에 관계하였다는 주장은 역사적 예수의 잘못된 신학화에 근거한 것이 아닌가? 그는 도덕적 개혁에 관심 가졌던 랍비나 유대교 예언자와 더 가깝지 않은가? 그는 하나님께서 하신 일이나 하실 일에 대한 극적인 입장을 제시하기보다는 단지 인간이 해야 할 것들에 대해서 말씀하지 않았는가? 이것이 20세기 초에 학계를 특징짓는 예수와 교회 사이의 대비이다.

브레데의 날카로운 지적을 들어보도록 하자. "예수의 가르침은 전체적으로 개인적 인격을 지향한다. 인간은 그의 영혼을 하나님께 또한 하나님의 의지에 전적으로 복종시켜야 한다. 그래서 그의 설교는 대부분 그 형태에서가 아니라면 적어도 성격상으로라도 명령형이다. 바울에게 있어 중요한 것은 역사적 사실로 드러난 신적이고 초자연적인 행위 또는 인간을 위해 예비된 구원을 인류에게 선사하는 신적 행위의 복합체였다. 이런 신적 행동—신적 존재의 성육신, 죽음, 부활—을 믿는 사람은 구원을 얻을 수 있다. 이러한 입장이 바울의 종교의 본질적 부분이었고 그의 믿음이 즉각적으로 붕괴하는 것을 막는 탄탄한 뼈대였다. 그것이 예수의 복음의 연장이고 진전된 발전이었는가? 이 이론의 어디에서 바울이 '이해했다'고 하는 '복음'을 찾을 수 있을까? 그것이 바울에게는 모든 것이었지만 예수에게는 아무것도 아니었다."

위의 인용의 극단성은 기본적 오류에 주목하게 한다. 이 반제로서의 예수는 19세기 전기의 현대화된 예수라는 것이다. 물론 그는 1세기의 바울과 양립할 수 없다. 빅토리아 시대의 도덕 개혁자는 헬레니즘 세계의 종말론적 종파가 선포했던 신적 구원의 메시지와는 전혀 다르기 때문이다. 그러나 1세기 유대 종말론적 상황에서 예수를 보게 된다면 기본적 반제는 사라질 것이다. 하나님의 나라가 이미 역사 속으로 들어오기 시작했다는 종말론적 메시지는 바울의 메시지와 같이 "역사적 사실로 드러난 신적이고 초자연적인 행위 또는 인간에게 예비된 구원을 인류에게 선사하는 신적 행동의 복합체이다." "그러나 내가 만일 하나님의 손을 힘입어 귀신을 쫓아낸다면 하나님의 나라가 이미 너희에게 임하였느니라"(눅 11:20). "화 있을진저 고라신아 화 있을진저 벳새다야 너희에게서 행한 모든 권능을 두로와 시돈에서 행하였더라면 그들이 벌써 베옷을 입고 재에 앉아 회개하였으리라"(마 11:21). 예수가 선포했고 케리그마에서 최종적 형태를 얻은 것은 바로 이와 같은 역사 속의 종말론적인 하나님의 행동이었다.

그러나 케리그마와 같이 예수가 하나님의 극적인 역사 개입을 선포했다고 할지라도 말씀을 듣는 자들에게 그 의미는 단순히 도덕적 개혁에 대한 요청이지 않은가? 예수가 인간의 자아가 '현재의 악한 세대'에 의해 규정된다는 것과 인간이 스스로를 자유하게 하지 못한다는 것을 기본적 딜레마로 인식한 게 아닌가? 그에게 하나님 나라의 개입은 '새로운 존재'의 가능성이었는가 아니면 다가오는 심판 앞에서 의식을 더욱 예민하게 하기 위한 사건일 뿐인가? 사실 이러한 구분은 푹스에 의해 이루어졌다. "예수에게 여전히 부족한 것이 예수의 십자가의 결과로 보충되었다. 죄의 문제는 죽음의 문제로 확대되었고 '내가 무엇을 해야 하는가?'의 문제는 '죽음의 세력 아래 있는 하나님 앞에서 잃어버린 존재의 무능성을 어떻게 극복하여야 할까?'의 문제로 이어졌다"(롬 7:24). 그러나 불트만은 이 경우에 어떠한 구분도 하지 않고 오히려 예수를 바울처럼 실존적으로 급진적인 인물로 보았다. 바울에게 케리그마가 "우리 자신이 사형 선고를 받은 줄 알았으니 이는 우리로 자기를 의지하지 말고 오직 죽은 자를 다시 살리시는 하나님만 의지하게 하기 위한 것"(고전 1:9)을 의미한다면 **"이렇게 명확한 신학적 사고의 특징들은 예수 안에서 발견되지 않는다.** 그러나 그것들이 예수의 사고를 제한된 역사적 반제 속에서 구체화했다는 것은 분명하다. 예수가 결코 표현하지 않은 것은 다음과 같은 것이다. 율법이 자기의 행위로 구원을 이루려고 하는 사람을 만나는 유일한 방식은 그를 위하여 초등교사가 됨으로써 가능하다. 얼마나 이러한 신학적 사상이 예수의 설교에서 낯선 것인지는 관계없이, 예수의 메시지는 그것을 함축하고 있다." 이렇게 예수의 종말론적 상황에 대한 순종의 요청은 논리적으로 종말론적 자아를 전제한다.

새로운 탐구의 기본적 문제들의 이러한 연구가 예수와 케리그마는 기본적으로 양립할 수 없다는 결론을 내리거나 본질적으로 선험적인 문제들에 대하여 긍정적인 해결을 불가능하게 하는 결론으로 유도하는 것은 아니다. 오히려 이것은 새로운 탐구의 유용한 전제들을 재검토하는 것이다. 케리그마와의 조우가 예수의 의미와 만남이라고 한다면, 예수와의 만남은 케리그마의 의미와의 만남이어야 한다. 그러나 실제로 그 전제들을 가지고 연구하지 않는다면 그 전제들은 오래가지 못한다. 따라서 적어도 특수한 문제들과 관련해서 주요 논제들에 대한 연구가 수행되어야 한다.

E. 전형적인 문제들의 해답을 찾아서

20세기 초반의 예수와 바울 사이의 반명제의 전형은 "예수는 하나님 나라를 선포하였고 바울은 그리스도를 선포하였다"는 것이다. **"예수가 선포한 대로의 복음은 오직 아버지와 관련이 있을 뿐 아들과는 관계가 없다."** 이 구분은 예수와 케리그마의 기본적 불양립성을 증명하는 것으로 하이취 (Ernst Heitsch)에 의해 새롭게 제시되었다. 그러나 여기에서도 역시 우리는 예수와 케리그마 사이의 오해를 다루고 있는 것이 아닌지 물어야 한다. 확실히 예수는 교회가 가르친 기독론을 가르치지 않았다. 그러나 "예수의 결단의 요청은 기독론을 포함한다"고 하는 통찰보다 과거 세대의 연구를 특징짓는 것은 없다. 최근의 연구에서도 신약성서 안에서 발견된 파편적인 케리그마 속에서 기독론적 칭호의 종말론적 의미가 분명하게 발견되고 이후의 형이상학적인 사용과는 분명히 구분된다는 사실을 확인하였다. 예수는 우주를 복종시키기 위해서 "모든 이름 위에 뛰어난 이름으로 주 예수 그리스도"(빌 2:9-11)라는 이름을 가졌고 세상을 지배하는 위치로 '고양' 되었다. 그는 오순절에 종말론적 존재의 시작으로서 "주요 그리스도"가 되었다(행 2:36). 이런 맥락에서 그는 "죽은 자들 가운데서 부활하사 능력으로 하나님의 아들로 선포되셨다"(롬 1:4).

하이취가 교회는 곧 케리그마가 선포한 종말론적 존재에 대한 시각을 잃게 된다고 말한 것은 옳다. 그러나 이것이 그 원래의 의미를 변화시키는 것은 아니다. 케리그마에 의해 요청된 실존적 결단이 예수에 의해 요청된 것과 상응한다면 케리그마는 예수의 메시지의 연속이라고 할 수 있다. 그리고 예수와 케리그마가 요청한 결단이 예수의 자아에 근거한 것이라면 그의 인격은 기독론과 상응한다는 것도 분명하다.

이러한 논지는 푹스를 통해서 지속되었다. 케리그마의 실존론적 의미는 여전히 바울 서신과 같은 초기 저작들에서 발견된다. "(바울에게 있어) 삶은 인간을 하나님과 연합시키는 희락이며 기쁨을 의미한다(롬 14:17). 그리고 그는 인간이 '죽음'으로 하나님으로부터 분리되는 두려움을 이해했다(롬 7:24; 8:15). 예수를 주로 믿는 사람은 그러한 기쁨을 누리는 자이며 근심으로부터 자유한 자이다." "분명히 바울에게 예수를 믿는 믿음은 인간은 자기가 도망한 바로 그 하나님 안에서 안식을 얻을 수 있다는 역설적 진리로 인도한다. 은혜의 하나님이 발견되는 곳은 바로 진노하시는 하나님 안에서이고, 죽음이 깃든 곳에서 생명을 발견하고 근심의 사막에서 기쁨을 발견할 수 있다. 이렇게 바울은 십자가에서 죽으신 예수 가운데서 부활의 주를 발견했다. 이제 중요한 문제는 이것이다. '이것이 도대체 **역사적 예수**와 어떤 관계가 있는 것인가?' 바울이 예수의 자리에 매우 낯선 것을 가져다 놓았고 자기가 가진 믿음의 개념을 주장한 것은 아닐까?"

푹스는 역사적 예수에 대한 간략한 연구를 통해서 이 질문에 답하려 했다. 하나님의 한없는 자비를 드러내 주는 예수의 비유들은 죄인을 수용하는 예수의 고유한 행동을 변호하기 위해 제시되었다. "하나님께서 엄격하신 것은 틀림없다. 그럼에도 불구하고 죄인이 심판의 두려움으로 하나님을 떠났다가 바로 그 하나님께로 돌아올 때 하나님은 은혜의 하나님이 되기로 작정하신다." 이제 한 사람의 행동이 존재의 이해를 반영하고 예수의 메시지가 그의 행동과 상응하기 때문에 예수의 존재에 대한 이해를 위해서 그의 메시지를 연구하는 것은 적절하다 할 수 있다. 예수의 메시지는 결단에 대한 촉구에 중심이 있으므로 "이 요구는 단지 예수 자신이 했던 결단의 반향이라고 생각할 수 있다." "그래서 예수가 죽음을 통해서 죄인들을 하나님의 은혜로 인도할 때 반드시 고난을 당해야 한다는 사실을 알았다. 자신을 하나님의 은혜에 맡기면서 고난에도 자신을 내어 준 것이다. 그의 위협과 진노, 그리고 결단 촉구의 엄격함은 모두 고난을 향한 그의 결연한 의지에서 비롯된 것이다. 예수는 목전에서 세례 요한의 처참한 죽음을 보았으면서도 이 모든 것을 통해서 자신을 대적자들에게 드러내었다."

우리가 예수의 자아 의식을 구성한 한 결단을 파악하면, 예수의 결단을 반복함은 예수의 자아를 나의 것으로 인식하도록 한다. 이처럼 예수가 요청한 결단을 하는 것은 그를 주로 받아들인다는 것을 의미한다. 예수는 청중을 향하여 질문한다. "하나님께서는 과연 우리가 오랫동안 비밀스럽게 알고 있던 하나님의 심판의 두려움을 제하기 위해서 하나님께 직접적으로 호소할 수 있을 만큼 하나님을 향하여 자유롭기를 원하시는가? 이것이 정확하게 역사적 예수의 결단이 확인하려 했던 것이다. 예수가 죄인을 향하여 '나를 따르라'(막 2:14)고 하시고 죄인에게 의인보다 우선권을 주신 이유이기도 하다. 이렇게 듣고 따르는 자들에게 예수는 **과연** 주님이시다."

바울은 케리그마가 역사적 예수가 요청한 결단과 똑같은 결단을 촉구한다고 이해했기 때문에 주를 믿는 믿음은 역사적 예수의 자아에 헌신해야 할 것뿐만 아니라 예수의 메시지에 긍정적으로 반응해야 한다고 보았다. "확실히 예수의 결단을 반복하는 것은 그것이 자동적으로 예수에 대한 태도를 취해야 한다는 점에서 새로운 것이었다. 예수의 적들은 그것을 보았다. 그럼에도 불구하고 그것은 스스로 하나님의 의지와 이름을 새롭게 요청해야 하기 때문에 옛 결단으로 남아 있을 뿐이다. 확실히 예수의 인격은 이제 믿음의 내용이 되었다. 그러나 그것은 예수 안에서 역사하셨고 신앙고백과 바울의 해석, 그리고 복음서에서 분명하게 드러나는 것처럼 미래에 예수와 함께 더 위대한 일을 행하실 하나님의 이름으로 이루어졌다." 케리그마 속에 내재한 이 실존적 의미를 기독론에 회복시키는 것이 바로 설교의 역할이다.

이 논문에서 푹스는 자아를 구성하는 결단의 측면에서 지상적 예수와 천상의 주님의 자아 사이의 병행과 예수와 케리그마가 촉구한 결단 사이의 상호적인 병행을 연구하였다. 푹스는 새로운 탐구의 전형적인 문제에 대한 해결에 공헌했을 뿐 아니라 주요 논제가 추구해야 할 해결점의 모범적인 패턴을 제시했다.

자아의 역사성 관한 근래의 개념을 고려할 때, 최근에 예수와 바울의 가장 특징적인 차이가 그들이 자신을 발견한 정황이 다른 것과 관련이 있다고 보는 것은 그리 놀라운 일은 아니다. 불트만은 세대(aeon)의 변화가 예수와 바울을 구분하는 결정적 요인이라고 하였다. "예수는 이미 와 있으나 미래적인 하나님의 통치를 대망하고 있다. 그러나 바울은 과거를 돌아보고 있다. **세대의 변화는 이미 이루어졌다.** 예수에게는 미래적인 것을 바울은 현재적인 것으로 생각했다. 예수는 오로지 대망의 입장에 서 있기 때문에 그의 메시지는 미래적인 인간의 상황을 폭로하지만 바울은 기다리고는 있으나 이미 처한 인간의 상황을 폭로한다. 기다림을 이해하지 못한다면 받는 것도 이해할 수 없기 때문이다." 그러나 불트만 스스로가 이 입장을 어느 정도 수정한다. "확실히 예수는 자신이 두 시간의 사이에 서 있다는 사실을 알았다. 하늘에서 번개가 떨어지는 것을 보면서 사단의 권세가 마지막에 다다랐음도 알았다(눅 10:18). 그리고 사단의 통치가 이미 무너졌기 때문에(막 3:27) 성령의 능력으로 마귀를 쫓아낼 수 있었다(마 12:28; 눅 11:20). 이렇게 그의 현재적 활동은 '중간기적(interim)' 성격을 가진다." 예수의 현재가 갖는 중간기적 성격을 인식함으로서 보른캄은 예수의 현재를 구원의 때로 강조하게 되었고 예수의 정황에 대한 그의 연구는 최초의 불트만에 의해 제시된 바울의 상황과 동일시되었다. "중재되지 않은 현존은 과거와 미래, 전통과 약속 사이에서 살게 된 이후로 현재를 잃어버린 세계 속에서 늘 예수의 말씀과 출현, 행동의 특징이 되었다." 이렇게 정황에 따른 예수와 바울의 기본적 구분은 사라지게 된다.

그러나 불트만은 여전히 예수의 현재를 역사적 만남의 기초로 삼는 것은 주저했다. "그의 현재에 관한 판단은 그의 소명 의식에서 기인한 것이다. 그 스스로에 의해 만들어진 것이지 나중에 교회처럼 과거의 결정적인 사건을 회상함으로서 형성된 것이 아니다. 물론 세례 요한의 출현과 그의 선포가 예수가 청중으로 하여금 보기 원하던 시간의 전조 중에 하나로 볼 수 있게 하는 자극은 될 수 있었을 것이다(눅 12:54-56). 만일 마태복음 11장 11-14절이 진정한 예수 고유의 말씀이고 교회에 의해 창작된 것이 아니라고 하면, 예수는 세례 요한의 출현을 통해서 세대의 전환을 보았음이 분명하다. 그러나 예수는 교회가 예수를 회상한 것처럼 옛 세대를 물러가게 하고 새로운 세대를 여는 인물로서 세례 요한을 회상한 것이 아니다."

여기에서 불트만은 관련된 말씀에 의문을 제기함으로써 세례 요한이 세대의 전환의 중심에 있다는 결론을 피한다. 그러나 이 입장이 그리 오래 지속될 수는 없었다. 왜냐하면 불트만 스스로가 진정성을 의심한 말씀들에 대한 충분한 근거를 제시하지 못했고, 현 세기에 불트만의 입장과 다른 세례 요한에 관한 걸출한 연구들이 많이 이루어졌기 때문이다. 따라서 불트만이 취한 논리를 따라가 볼 수는 있으나 동의하는 것은 어려울 수밖에 없다. 마태복음 11장 11-14절이 그 기원에 있어 진정한 예수의 말씀이고 교회의 창작이 아니기 때문에 과연 예수는 세례 요한의 출현에서 세대의 전환을 보았다. 또한 어느 정도 예수는 교회가 예수를 회상한 것처럼 옛 세대를 물러가게 하고 새로운 세대를 여는 인물로 세례 요한을 회상한 것이다. 그렇기 때문에 케제만이 "세례 요한은 세대의 전환을 가져옴으로써 하나님 나라를 소개했다"고 강조한 것은 놀라운 것이 아니다. 이와 비슷하게 보른캄도 세례 요한에 대하여 "그는 더 이상 단순히 미래의 선포자가 아니라 약속이 성취된 시간 속에 속한 사람이며 세대와 세대의 경계에 있는 초병"이라고 말한다. 세대의 전환기에 있던 역사적 사건의 존재가 교회의 상황에서 예수의 상황을 구분 짓는 요인인 것 같지는 않다. 예수와 교회 모두 역사적인 사건의 형태로 신적 개입을 통해 조성된 상황에서 자신의 존재를 바라보았다.

더욱 진전된 결론은 세대의 전환의 관점에서 예수와 바울을 구분했던 불트만의 초기 주장에 이미 내포되어 있었다. "예수는 율법과 약속을 설교했고 바울은 율법과 관련해서 복음을 설교했다." 케제만 역시 그의 입장을 정리하면서 이렇게 말한다. "예수는 일반적인 종교 도덕적 진리를 선포하기 위해 온 것이 아니다. 그는 다가오는 왕국, 즉 하나님께서 은혜와 요구를 가지고 인간에게 다가오실 때 만물이 어떠해야 하는지에 관하여 말하기 위해 왔다. 또한 아버지를 주님으로 발견하는 동안만 자유로울 수 있는 하나님의 자녀의 자유함을 가져왔고 또 그렇게 살았다." 우리가 이미 본 것처럼 불트만은 예수가 하나님의 은혜를 보여 주는 행동으로 식탁 공동체에 모든 사람을 받아들였다고 하는 푹스의 입장을 수용하였다. "하나님의 극단적인 요구를 선포하는 사람은 동시에 은혜의 말씀을 전한다." 마태복음 11장 6절과 누가복음 12장 8절에서 예수의 인격과 관련한 결단의 요청은 케리그마의 요청과 같이 "동시에 약속의 말씀이며 은혜의 말씀이다. 바로 그 순간에 청중에게 자유의 선물이 주어지는 것이다." 여기에서는 전통적인 개신교의 율법과 은혜의 구분이 필연적으로 예수를 교회의 케리그마에서 분리시키는 것은 아닌 것 같다.

우리가 용어의 영역에서 심층적 의미를 궁구하면서 얻게 된 것은 이와 같은 예수와 케리그마의 비교를 하기 위해 도입된 방법들의 통합적인 결과이다. 한편으로 우리는 예수의 해석이 케리그마를 통해서 이루어지려면 케리그마의 언어가 명료해야 함을 인식했다. 다른 한편으로는 역사적 예수는 방법론적인 이유에서, 케리그마의 언어가 담겨 있는 말씀에서가 아니라 케리그마의 언어로부터 갈라져 나온 말씀을 통해서만 연구될 수 있다는 사실을 알았다. 그러나 심층적 의미에 대한 동의가 어느 시점에서 용어의 유사점을 산출하지 못한다고 했을 때도 지속될 수 있을까 의문이다. 교회의 케리그마가 예수의 메시지에 대한 그러한 병행을 제공한다는 것을 논의할 수 없다면, 예수가 그러한 언어를 사용하였는지에 대한 불확실성 때문에 우리는 예수가 사용했다고 알려진 용어가 어느 시점에서 적어도 초기 교회에 의해 교회의 케리그마의 언어와 동의어로 사용되었는지 물을 수밖에 없다. 이렇게 배후에 어떤 통합적인 의미가 존재하는지 그리고 이 의미가 두 용어의 결합으로 표현될 수 있었는지 묻기 위하여 가장 전형적인 예수 메시지의 용어와 가장 전형적인 케리그마의 형식문(formal pattern)을 비교할 것이다. 역사적 예수의 이런 특유한 문제의 해결은 명백한 제시로 이루어져야 한다.

예수 메시지의 본질적 내용은 "회개하라. 천국이 가까웠느니라"이다. 극적인 미래의 하나님 나라의 도래는 이제 너무도 임박해서 현재의 악한 세대와 단절을 요구하고, 동시에 다가오는 하나님의 나라에 전적인 헌신을 촉구하며 이미 현재에도 어렴풋이 모습을 드러내기 시작한다. 예수는 가까운 미래의 종말론적 사건에 기초한 현재의 삶에 집중하고 있다. 그는 하나님의 심판과 축복을 선언하고 하나님 나라의 도래를 근거로 축귀와 같은 하나님의 다른 신적 행동을 설명한다. 하나님 나라의 도래와 관련하여 현재에 집중하는 것은 형식문을 접근하기 위한 중심 주제가 되고 많은 예수의 말씀도 이를 따르고 있다. 이의 전형적인 예들을 보자(마 4:17; 눅 6:20이하, 24이하; 마 21:31; 18:3; 눅 11:20).

회개하라	천국이 가까이 왔느니라.
가난한 자는 복이 있나니	하나님의 나라가 너희 것임이요.
지금 주린 자는 복이 있나니	너희가 배부름을 얻을 것임이요.
지금 우는 자는 복이 있나니	너희가 웃을 것임이요.

그러나 화 있을진저 너희 부요한   너희는 너희의 위로를 이미 받았도다.
  자여

화 있을진저 너희 지금 배부른 자여   너희는 주리리로다.

화 있을진저 너희 지금 웃는 자여   너희가 애통하며 울리로다.

세리들과 창녀들이   너희보다 먼저 하나님의 나라에 들어
                  가리라.

너희가 돌이켜 어린 아이들과 같이   결단코 천국에 들어가지 못하리라.
  되지 아니하면

내가 만일 하나님의 손을 힘입어   하나님의 나라가 이미 너희에게 임하
  귀신을 쫓아낸다면   였느니라.

케리그마의 본질적인 내용도 분명하여 죽음과 부활, 수난과 영광, 비하
와 고양의 패턴을 발견하게 된다(고전 15:3-5; 눅 24:26; 벧전 1:11; 롬 1:3
이하; 벧전 3:18; 딤전 3:16).

성경대로 그리스도께서 우리 죄를   성경대로 사흘 만에 다시 살아나사
  위하여 죽으시고

장사 지낸 바 되었다가   게바에게 보이시고 후에 열두
                  제자에게와…….

그리스도가 이런 고난을 받고   자기의 영광에 들어가야 할 것이
                  아니냐 하시고.

그 받으실 고난과   후에 받으실 영광.

육신으로는 다윗의 혈통에서 나셨고   성결의 영으로는 죽은 자들 가운데서
                  부활하사 능력으로 하나님의
                  아들로 선포되셨으니.

육체로는 죽임을 당하시고   영으로는 살리심을 받으셨으니.

그는 육신으로 나타난 바 되시고   영으로 의롭다 하심을 받으시고.

만국에서 전파되시고   천사들에게 보이시고

세상에서 믿은 바 되시고   영광 가운데서 올려지셨느니라.

전형적인 예수의 메시지와 교회의 케리그마를 비교하면 어렵지 않게 용어에 있어서나 심지어 교리에 있어서도 구분이 되는 것을 발견할 수 있다. 예수의 메시지는 종말론적인데 비해 케리그마는 기독론적이다. 예수는 청중에게 현재의 악한 세대와 결별하고 틈입해 오는 하나님 나라에 헌신함으로써 생명을 얻으라고 요청하였다. 바울은 청중에게 예수와 함께 죽고 부활할 것을 요구하였다. 그러나 이러한 피상적 비교에서 더 깊은 차원으로 들어가면 갈수록 기본적인 유사점이 점점 더 분명해진다. 현재의 악한 세대와 단절하는 것은 전복을 의미하는 것이며 사회의 구조악을 근절하기 위해서 나의 목숨을 내어놓는 것이고 진정한 자유와 사랑의 발로에서 자기 중심성을 극복하고 철저하게 영적으로 자신을 이웃의 필요에 개방하는 것을 말한다. 틈입하는 하나님 나라에 대한 신앙으로 이러한 행동을 하는 것은 앞에서 말한 전적인 죽음이 궁극적으로 의미가 있다는 신념에 기초한 것이다. 그 안에 초월이 있고 부활이 있다. 예수의 메시지의 심층적인 의미란 자신의 죽음을 수용하는 데 남을 위한 생명이 있고 고난 가운데 영광이 있으며, 심판에 복종함으로써 은혜를 입고, 유한성을 인정하는 데 초월이 있다는 것이다. 예수의 자아와 행동으로 표현되고 마침내는 교회의 케리그마에 전수된 예수의 메시지에 내재된 실존적 의미는 바로 이것이다.

고린도전서 4장 8-13절은 케리그마가 지속적으로 예수의 실존적인 의미를 드러낸다는 사실을 보여 주는 흥미로운 예가 된다. 이 구절에서 바울은 처음에는 예수와 같이 종말론적으로 그리스도인을 묘사하고 이후에 바울

의 전형적인 표현으로 예수와의 연합을 묘사한다.

예수말씀 복음서 Q의 '산상수훈'에 따르면 예수는 팔복과 함께 종말론적인 '화'를 언급하셨다(눅 6:24이하).

화 있을진저 너희 **부요한** 자여 너희는 너희의 위로를 이미 받았도다.
화 있을진저 너희 **지금 배부른** 자여 너희는 **주리리로다**.
화 있을진저 너희 **지금 웃는** 자여 너희가 애통하며 **울리로다**.

분명히 화는 하나님과 동행하지 않는 자들에게 선언되었다. 그들은 현재의 악한 세대에서 지금 번영한다. 그렇기 때문에 하나님 나라에서는 번영하지 않을 것이다. 이 같은 종말론적 메시지는 바울에 의해서 많은 부분 언어적인 유사성과 함께 제시되고 있다.

너희가 **이미 배부르며!**
이미 풍성하며!
우리 없이도 왕이 되었도다.

여기에서 고린도 성도들은 단순히 번영했기 때문에 꾸지람을 받는 것이 아니라 하나님의 통치가 오기 전에 이미 번영했기 때문이다. 그들은 현재의 악한 세대에 왕 노릇하고 있으나 "우리가 너희와 함께 왕 노릇하기 위하여 참으로 너희가 왕이 되기를 원하노라"고 한 것처럼 바울은 하나님의 나라에서 왕 노릇하기를 원했다. 하나님의 통치가 실현되기 전에 현재의 악한 세대 가운데서 종말론적 존재는 고통스러울 수밖에 없다.

'Q'에 있는 예수의 복 선언도 그 원래의 종말론적 방향성을 유지하고 있다(눅 6:20-23).

너희 가난한 자는 복이 있나니 하나님의 **나라**가 너희 것임이요.

지금 주린 자는 복이 있나니 너희가 **배부름을 얻을 것임이요.**

지금 우는 자는 복이 있나니 너희가 **웃을 것임이요.**

인자로 말미암아 사람들이 너희를 미워하며 멀리하고 욕하고 너희 이름을 악하다 하여 버릴 때에는 너희에게 복이 있도다. 그 날에 기뻐하고 뛰놀라 하늘에서 너희 상이 큼이라 그들의 조상들이 선지자들에게 이와 같이 하였느니라.

바울은 고린도 성도들과 다르게 자신의 존재를 종말론적 존재 이해를 바탕으로 기술하고 있다(고전 4:9-13).

내가 생각하건대 하나님이 사도인 우리를 죽이기로 작정된 자같이 끄트머리에 두셨으매 우리는 세계 곧 천사와 사람에게 구경거리가 되었노라. 우리는 그리스도의 때문에 어리석으나 너희는 그리스도 안에서 지혜롭고 우리는 약하나 너희는 강하고 너희는 존귀하나 우리는 비천하여 바로 **이 시각까지** 우리가 **주리고** 목마르며 헐벗고 매 맞으며 정처가 없고 또 수고하여 친히 손으로 일을 하며 모욕을 당한즉 축복하고 박해를 받은즉 참고 비방을 받은즉 권면하니 우리가 **지금까지** 세상의 더러운 것과 만물의 찌꺼기 같이 되었도다.

바울은 대부분 예수가 사용한 종말론적 언어로 처음에는 비그리스도인을 묘사하고 다음에 그리스도인을 묘사하고 있다. 그러나 그는 그리스도인의 종말론적인 묘사 가운데서 케리그마의 실존적 의미를 표현하는 몇 개의 구절을 소개한다. 예수의 종말론적 메시지와 교회의 케리그마 사이의 실존적 의미를 규명하기 위해 이보다 분명하게 제시할 수는 없을 것이다.

욕을 먹을 때	우리는 축복하고
박해를 당할 때	우리는 인내하며
모략을 당할 때	우리는 달래려 노력한다.

바울이 17절에서 말한 것처럼 이것이 모든 교회에 가르치는 '그리스도 안에서의 행사'이다. 그래서 반복되는 이런 패턴을 볼 때마다 놀랄 필요는 없다. 예를 들어 고린도후서 6장 8-10절을 보자.

우리는 속이는 자 같으나	참되고
무명한 자 같으나	유명한 자요
죽는 자 같으나	보라 우리가 **살아 있고**
징계를 받는 자 같으나	죽임을 당하지 아니하고
근심하는 자 같으나	항상 기뻐하고
가난한 자 같으나	많은 사람을 부요하게 하고
아무 것도 없는 자 같으나	모든 것을 가진 자로다.

본문에서 발견되는 죽음 안에 있는 생명의 메시지는 분명히 케리그마의 실존적 메시지와 유사하다. 이 패턴의 다른 예로 고린도후서 4장 8-12절과 1장 8절 전반부와 13장 4절을 보면 더욱 분명해진다.

우리가 사방으로 우겨쌈을 당하여도	싸이지 아니하며
답답한 일을 당하여도	낙심하지 아니하며
박해를 받아도	버린 바 되지 아니하며
거꾸러뜨림을 당하여도	망하지 아니하고
우리가 항상 **예수의 죽음**을 몸에	**예수의 생명**이 또한 우리 몸에 나타나

짊어짐은
우리 살아 있는 자가 항상 **예수를
위하여 죽음**에 넘겨짐은
그런즉 **사망**은 우리 안에서 역사하고

형제들아 우리가 아시아에서 당한
환난을 너희가 모르기를 원하지
아니하노니 힘에 겹도록 심한 고생
을 당하여 살 소망까지 끊어지고
우리는 우리 자신이 **사형** 선고를
받은 줄 알았으니
그리스도께서 **약하심**으로 십자가에
못 박히셨으나
우리도 그 안에서 약하나

게 하려 함이라.
예수의 생명이 또한 우리 죽을 육체에
나타나게 하려 함이라.
생명은 너희 안에서 역사하느니라.
이는 우리로 자기를 의지하지 말고
오직 죽은 자를 **다시 살리시는**
하나님만 의지하게 하심이라.

오직 **하나님의 능력**으로 살아 계시니.

너희에 대하여 **하나님의 능력**으로
그와 함께 살리라.

바울의 그리스도인의 묘사는 예수의 초월적 자아가 선포된 케리그마에 기초하고 있다. 바울이 이러한 상황(고전 4:6)에서 "나를 본받는 자"가 되라고 고린도 성도들에게 부탁한 것은 우연이 아니다. 그 요구에 함축된 의미는 "나는 그리스도를 본받는 자이므로 나를 본받는 자가 되라"(고전 11:1)는 것이기 때문이다. 바울의 초월적 존재는 케리그마가 선포한 예수의 자아와 일맥상통한다.

이런 맥락에서 우리는 "그리스도는 우리의 생명"(골 3:4)과 같은 바울의 신비적인 언어의 실존적 의미를 감지할 수 있다. "이제는 내가 사는 것이 아니요 오직 내 안에 그리스도께서 사시는 것이라"(갈 2:20). "하나님 안에서 그리스도와 함께 감추어진"(골 3:3) 우리의 '생명'은 예수가 창조한 초월적 자아이고 예수를 통해서 우리에게 주어졌다. 이런 식으로 역사적 예수에서 바울의 두 번째 아담까지의 연속성이 드러난다. 비록 오늘날 우리는 더 이상 이런 식의 사고 범주를 사용하지는 않지만, 예수의 자아 의식은 분명히 역사적인 연구를 **통해서** 그리고 케리그마를 **통해서** 우리의 존재를 이해할 수 있는 하나의 빛으로 기능하고 있다.

제 2 부

· ·

새로운 탐구에 대한 소고

제6장 예수 메시지의 구조

|

오늘날 가장 두드러진 신학적 조류는 과거 몇 년간 독일 신학계에서 이루어진 역사적 예수의 새로운 탐구이다. 새로운 탐구의 과업은 단순히 이전의 방법론을 다시 연구하고 복음서에서 역사적으로 진정성 있는 자료를 추출하기 위한 새로운 방법론을 모색하는 것으로 이루어지진 않는다. 보다 넓은 신학적 작업과 새로운 질문에 신학적으로 적절한 시각을 제시하기 위해서 새로운 탐구의 역할을 명확히 할 필요가 있다.

예수의 인격에 대한 케리그마의 언급으로 촉발된 연구는 예수의 인격과 케리그마의 연속성에 대한 질문으로 이어졌다. 예컨대 케리그마의 요구가 예수의 인격에 근거하고 있는가 하는 질문 같은 것이다. 이러한 관심은 신학적으로는 미결의 문제로 남은 채, 종교심리학자나 사상사를 연구하는 역사가들에게 흥미를 불러일으키는 객관적인 예수의 인격 혹은 가르침의 연구와는 구별되어야 한다. 오히려 연구는 예수를 증언하는 케리그마의 진정성을 확인하기 위해 무엇이 예수의 인격을 구성하는가에 집중해야 한다.

게하르트 에벨링과 에른스트 푹스가 예수가 가졌던 믿음의 이해를 정립하기 위해 노력했을 때 방법론적 관점에서 새롭고 의미 있었던 것이 바로 예수와 케리그마 관계에 있어 이러한 관심이었다. 그러나 그들의 연구는 난관에 봉착했다. 독일에서는 이미 반 세기 전에 끝난 연구와 자신의 입장을 분명히 구분하는 것이 상식처럼 되었는데, 그들이 사용한 전문 용어들은 종종 19세기 말의 심리학적 성향의 잔재로 비추어졌기 때문이다. 더욱이 존재의 핵심적 차원으로서의 언어 현상의 철학적이고 신학적 중요성에 대한 새로운 자각으로 촉발된 이 연구는 너무 성급하게 '믿음'을 예수와 초기 교회가 공유하는 존재 이해의 언어학적 실현으로 결론 내렸다. 이것은 그 근거가 너무 미약한 것으로 판명되었다. 특별히 케제만이 치유 내러티브에서 믿음 정형문(formulas)을 초기 교회의 축귀 제정의 근거로 제시했기 때문이다.

확실히 외적으로 유사한 입장의 언어적 표현에 대한 질문은 피할 수 없다. 그러나 이러한 관심은 일반적으로 예수와 초기 교회에 익숙했던 용어가 무엇이었는지에 대한 문제가 아니라 용어적 다양성 이면에 있는 배후의 의도에 근거한 연속성이 연구되어야 한다는 기본적인 방법론적 통찰들에 주목해야 할 것이다. 왜냐하면 비신화화의 논의가 예수를 드러내는 것은 케리그마의 용어보다 그 의도라는 데 주목했기 때문이다. 용어는 예수에게서보다는 문화적 환경에서 차용된 경우가 많으며, 케리그마는 심지어 신화적인 용어를 역사적 인물인 예수의 의미를 표현하기 위해 사용하기도 한다. 다른 한편으로 예수가 사용한 용어는 케리그마와 비교할 수 있을 만큼 역사적으로 신뢰할 만한 수준의 근거를 제시할 수 있기 전에는 케리그마적 요소와 구별되어야 한다는 암묵적인 동의가 있었다. 말씀의 진정성을 확인하기 위한 현재의 기준들은 역사적 예수와 초기 교회가 공통적으로 사용한 용어들 가운데서 말씀의 진정성을 확인하는 것을 거의 불가능하게 했다. 따라서 당분간 특수한 용어적 합의는 차치하고, 아마도 케리그마의 용어에서는 발견할 수 없기 때문에 진정성 있는 것으로 간주된 예수의 말씀에 주의를 집중하는 것이 좋을 듯하다. 배후의 의도에 관한 연구는 바로 이러한 말씀을 통해서 이루어졌다. 예수의 자기 상황 이해를 표현한 그러한 말씀의 복합체 안에서만, 그리고 그의 존재와 인격을 구성한 헌신 안에서만 초기 교회의 케리그마와 예수의 인격의 연속성을 묻기 위한 움직임의 자리에 있을 수 있다.

헬베르트 브라운(Herbert Braun)은 예수의 존재 이해를 자신의 논의 중심에 두었다. 한 인격의 존재 이해는 그가 한 모든 행동에 함축되어 있기 때문에, 예수는 명확한 기독론을 제시하지 않았다는 것을 인식할 때 비로소 이러한 연구가 진행될 수 있다. 브라운의 논제는 역사적 예수의 설교와 초기 교회의 케리그마의 발전 속에서 등장하는 다양한 표현의 비교를 통해 얻게 된 "인간학(anthropology)은 항구적이나 기독론은 변화무쌍하다"는 것이다. 예수의 존재 이해를 향한 처음 출발점은 근거가 확실하였으나 인간학과 관련한 논의의 전개는 적어도 오해의 소지가 있다. 분명하게 인간론과 기독론을 구분한 브라운의 주장이 일반적 의미의 인류의 개념을 위해 예수의 인격을 희생시켰다고 하기는 어렵다. 왜냐하면 브라운은 '명백한 기독론'과 구분한다는 차원에서, 인간론을 가지고 '권면으로서의 기독론'에 의미를 부여하려 했기 때문이다. 이렇게 그의 '인간론'은 여전히 예수의 인격과 케리그마에 담긴 존재 이해의 문제로 남아 있다. '존재 이해(understanding of existence)'와 '인간론'의 용어 규정에 따른 위험은 많은 사람들이 '인간론'이라는 용어에서 '존재'라는 용어 속에 용해되어 있는 인간의 역사성을 감지하지 못할지도 모른다는 우려에서이다. 어떤 사람의 존재에 관하여 질문할 때, 그 사람은 독립적인 개체로서 개별적으로 혹은 생물학적으로 이해돼서는 안 된다는 사실을 전제한다. 오히려 그 사람에게 낯익은 '세계'와 그 사람에게 방향을 제시하는 역사와 같은, 그의 인격을 구성하고 있는 요소들을 연구하는 것이다. 여기에서 '존재'라는 용어는 세계에 대한 이해이며 역사의 이해이고 심지어는 하나님의 이해를 포함한다.

지금까지 존재의 개념은 주로 인간론을 표현할 때 주로 사용되었다. 인류 이해에 대한 이와 같은 예비적 관심의 이점은 간과할 수 없는 요소이다. 그것은 계몽주의 이래로 현대 신학이 하나의 혹은 다른 종류의 인간론에 관여하면서 가능해진 것이다. 이는 불트만과 슐라이에르마허의 신학에서 두드러진다. 이것은 신학의 대중화나 변증으로부터 시작된 것이 아니고, 현대인이 인간론적인 전망을 가지고 타당성을 추구하려는 요인으로부터 시작되었다. 사람들은 신학적 인간학의 차원에서 대안이 제시될 경우에 가장 쉽게 신학적 입장을 추측할 수 있었다.

그러나 이와 같은 인간학적인 이점은 동시에 불리한 점도 가지고 있다. 현대 사고의 인간학적 편협성은 복음이 우리를 자유롭게 하려 했던 그 운명과 영적인 상황에도 고스란히 영향을 미쳤다(갈 4:4-9). 따라서 하나님과 세계, 그리고 역사에 관한 성서의 언어는 종종 신화적 색채를 띠게 되었다. 그렇기 때문에 비신화화는 해석에 있어 피할 수 없는 과정이었다. 이 과업을 수행할 때, 만약 종교적인 언어는 정의상 세계나 역사에는 관심이 없다고 인정하는 종교사학파의 신비 신학으로부터 가져온 신화의 개념을 도입한다면 출발점을 결정할 수 없을지도 모른다. 왜냐하면 그것은 결국 개인주의적인 신비 신학에서 종결될 것이기 때문이다. 성서가 세계에 대하여 말을 할 때, 신화적으로 생각하는 저자가 단순히 성스러운 어떤 것을 표현하기 위해 속적인 용어를 사용한다고 선험적으로 추측할 수 있는 사람은 없다. 오히려 그러한 표현들이 세계에 대한 이해를 주장하기 위해서 고안된 것은 아닌지를 먼저 물어야 한다. 만일 다른 수고 없이 신약성서의 하나님 이해와 역사 이해, 세계 이해를 인간 이해로 대치할 수 있다면, 당연히 새로운 부류로의 전이(*metabasis eis allo genos*)가 있었음을 알 수 있다. 그러한 과정에서 본질적인 것을 잃어버릴 수 있다. 이것은 비신화화의 과정이 필요 없다는 말이 아니다. 오히려 비신화화의 과업을 보다 분명하게 규정할 필요가 있다는 것이다. 인간학에 대한 현재의 관심은 지지할 수 있으나 예비적인 단계로 이해해야 하며, 현대에 적합한 논의를 가능하게 하는 출발점은 장기적으로 볼 때 전이 단계에서 찾아야 한다.

현재의 신학적 사고는 광의의 '존재'라는 용어를 전면에 부각시켜야 할 것을 주장한다. 공식적으로 말하면 존재는 항상 우리 밖에 뿌리를 내리고 있다. 좋든 싫든 존재는 세계와 역사의 이해를 함축하고 있는 역사적 결단을 통해 발생하기 때문이다. 세계나 역사에 대한 이해는 종종 객관적으로 증명 가능한 자연 과학이나 신화적인 세계관과 혼동되기 때문에 분명하게 설명되기는 어렵다. 그러나 더 큰 위험은 세계의 이해를 위한 작업의 중단이 영지주의가 세속적인 세계를 무시하던 맥락과 혼동될 수 있다는 데 있다. 그래서 현대 신학은 전통적인 역사적 예수 연구의 결점들을 이유로, 역사적 예수와 그의 메시지와 행동 안에 내재한 기독론에 관한 질문을 포기하는 것은 가현적 기독론에 봉착할 수 있다는 성서신학계의 주장과 유사한 입장을 취하게 되었고, 가현적 기독론은 역사적 예수 탐구의 새로운 장을 열 때 비로소 극복될 수 있다고 보았다. 이 두 조류의 융합은 우리 연구의 출발점을 규정한다. 케리그마의 지속적인 예수에 대한 암시를 염두하고 역사적 예수를 묻기 위해 예수의 인격을 구성하는 존재의 이해가 우선 연구되어야 한다. 여기에서 '존재의 이해'는 인간학적으로 이해되어서는 안 되고 하나님, 역사, 세계와 인류가 가지는 상호 관련성에 입각한 이해여야 한다.

여기에 언급된 '존재'라는 용어의 정의는 외형상으로 역사적 예수의 설교와 초기 교회의 케리그마에 관한 주석 환경과 부합한다. 역사적 예수는 무엇보다도 하나님의 주권 하에 우리의 세계와 역사 안에서의 인간성의 현 주소를 표현하는 종말론적 메시지에 관심을 가졌다. 케리그마는 중간기의 존재, 세대의 변화, 우주적 존재로까지의 예수의 고양에 관심을 두었다. 여기에서 역사적 예수의 설교나 초기 교회의 케리그마 모두 인간 예수에 대한 개별적인 관심은 보이지 않으며 다만 세계와 역사 전반에 걸친 하나님의 종말론적 구원 사건의 매개자로서만 관심을 갖는다. 세계를 구원하시는 사건 속에서 인간 예수에 대한 신학적 입장은 큰 어려움 없이 위에서 정의한 '존재'의 개념 속에서 찾을 수 있다.

역사적 예수의 탐구를 보다 분명히 하려는 이러한 시도가 단순히 탁상공론이 되지 않기 위해서 새로운 연구의 시작에 있어 이전 기간의 결과에 기초한 새로운 탐구의 설명이 필요하다. 비록 지난 세대의 연구가 역사적 예수 탐구에만 집중한 것은 아니지만 간접적으로 이를 수행했고 그 결과물이 예비적인 단계의 방향 설정을 하는 초기에는 유익을 주었다. 확실히 한 시대의 연구 초기에 가지는 위상이 그 결과물을 보장하는 것은 아니다. 도리어 새로운 연구가 점차로 현재의 그림을 바꿀 것을 기대해야만 한다. 그렇지 않다면 새로운 탐구는 필요가 없다. 그러나 그것이 미개척 분야의 연구이기 때문에 추측한 결과들을 미리 사용할 수는 없다. 초기의 연구는 이전 연구로부터 얻은 결과를 가지고 수행되어야 한다. 이러한 학계의 암묵적인 방법론적 동의 속에 만들어진 통찰들은 한편에서는 진정성 있는 말씀의 복합체를 분리하게 하였고, 다른 한편에서는 예수 메시지의 의미와 일반적인 방향성에 대한 일종의 합의를 이루도록 하였다. 이전 학계의 연구 상황의 이 같은 두 흐름을 조합함으로써 역사적 예수가 가진 존재 이해를 연구할 수 있게 된 것이다.

진정성 논의에 있어 두 가지 점에서 두터운 합의가 있었다. 첫째는 초기 교회에서 알레고리적인 수정이 가해졌지만 진정성 있는 최초의 형태를 분리할 수 있는 비유들이 존재한다는 것이다. 이점에 있어 비록 신학적 입장 차이는 있으나 요아킴 예레미아스와 에른스트 푹스는 공통적인 결론에 이르렀다. 둘째는 이러한 일반적인 합의는 문학비평이나 양식비평적인 연구를 통해서도 흔들리지 않는 진정성을 가진 개별적 말씀과 관계한다는 사실이다. 양식비평에 근거해서 진정성 있다고 생각되는 공관복음의 자료들에 대한 많은 입장 차이가 있지만, 일반적으로 역사적 예수의 현대적 이해를 결정짓는 진정성 있는 최소한의 자료는 존재한다. 이러한 자료들이 단순히 글자나 하나의 말씀 혹은 전통의 한 가지 줄기에만 국한해서 내린 결론이 아니라 다양한 말씀의 공통적인 구조를 연구함으로써 얻게 되는 역사적 관점으로부터 신뢰를 얻을 수 있는 출발점이 된다. 이러한 구조는 전통에 있어 한 조류에서만 발견되는 것이 아니라 같은 말씀이 전승된 여러 전통의 조류에서 발견된다.

만약 비유들이 가진 주요 특징들이 예수 메시지의 기본적 방향성에 지배적인 합의와 관계가 있다면, 그리고 이러한 집중이 규명될 수 있고 양식비평에 의해 가려진 개별적 말씀을 통해 조직화하려는 성향으로 추적될 수 있다면, 아마도 역사적 신빙성은 새로운 시대의 역사 초기에 기대하는 만큼 높을 것이다.

신약성서학계에서 예수의 메시지가 갖는 기본적 방향성에 대한 합의를 위해 시작된 분명한 움직임이 있었다. 리츨 이래로 예수의 메시지는 '하나님의 나라' 개념을 향해 나아가며 20세기에 접어들면서는 이 개념이 종말론적으로 해석되어야 한다는 사실을 인식했다. 그러나 예수가 **어떻게** 자신의 상황을 종말론적으로 이해했는지에 관한 연구의 성과를 얻은 것은 최근의 일이다. 다드는 '실현되고 있는 종말론(eschatology in the process of being realized)'을 주장한 하인첸(Ernst Haenchen)의 영향으로 자신의 '실현된 종말론(realized eschatology)'을 수정하였다. 그리고 한편에서는 불트만이 예수의 '행위'에 드러난 하나님의 은혜에 대한 강조로 결단의 시간이라는 자신의 예수의 상황 이해를 수정하기도 하였다. 이것은 학계에서 극단적인 입장이 중도적인 입장으로 선회했음을 의미한다. 비유에 관한 연구를 통해서 두 신약학자 모두 변화가 생겼다는 사실은 우연은 아닐 것이다. 다드의 경우는 예레미아스의 『예수의 비유』에 영향을 받았고 블트만은 푹스의 비유 이론에 근거해서 입장을 바꾸었다. 누구나 형식적으로는 기본적인 비유의 방향에 대하여 표현할 수 있을 것이다. 또한 최근의 합의처럼 예수의 메시지는 기본적으로 임박한 종말론적 미래라는 전망 속에서 현재를 향한 선언으로 구성되어 있다고 말할 수도 있다. 개별적인 말씀 속에서 감지되는 것이 바로 예수 메시지의 이 같은 양극성이다. 그래서 종교사학파가 주장한 유대 묵시문학적인 두 세대 교리와 관련 있는 두 가지 요소에 의해서 예수 말씀의 구조를 파악하게 되었다. 첫 번째 요소는 '현재의 악한 세대'와 관계 있는 현재에 대한 선언이고 두 번째 요소는 '오는 세대'로 보이는 가까운 미래에 대한 암시이다.

물론 다른 구조적인 요소 없이 이러한 종말론적 양극성만을 보여 주는 말씀은 극히 드물다. 왜냐하면 예수는 비유로 가장 잘 알려진 유대교의 전통 속에서 다양한 담화를 시도했기 때문이다. 그러나 다양한 담화의 형태를 구성하는 말씀들 속에서 구조화하려는 힘이 바로 종말론적 양극성이라는 사실은, 이를 반영하는 말씀이 예수보다도 오히려 초기 교회에 구조의 기원에 있고 초기 교회와 그 공통적인 배경을 가지고 있다고 결론짓는 위험을 경감시킨다. 예컨대 의문시되고 있는 말씀은 법적 선언의 형식이나 지혜의 말씀들, 복 선언 등이다. 예수 메시지의 종말론적 양극성 안에서 작용하는 구조적인 힘은 이런 전통적인 형식의 발전과 특별한 집중을 부추겼다. 이러한 장르는 주로 이 세대의 일을 다룬다. 종말론적인 강조는 그들 안에 있는 것이 아니라 오직 주변적으로만 이루어지고 묵시주의에 영향을 받을 때 이루어지곤 한다. 다양한 말씀이 공통적으로 가지고 있는 종말론적 구조는 개별적 말씀을 통해서 이미 비유 연구에서 이루어진 예수 메시지의 종말론적 양극성을 추적하는 도구를 제공할 것이다. 따라서 이것은 예수 메시지의 종말론적 긴장 속에서 독특한 강조를 할 수 있게 한다. 예수의 종말론이 자체적으로 새롭거나 그의 메시지에 있어 본질적인 요소라는 것은 아니다. 오히려 그의 메시지를 통한 종말론적 특징의 추적은 예수의 종말론이 그가 가진 존재의 특성 이해로 나아갈 때만 우리의 연구에 유익을 줄 수 있다.

예수 메시지의 종말론적 양극성에서 비롯된 형식적 구조는 예수의 종말론의 성향과 움직임을 감지할 수 있는 기초가 된다. 다양한 말씀을 통해서 이 구조를 따라가면 비유에서와 마찬가지로 종말론적 양극성이 시간적 순서에 따라 결정된 것이 아니라는 뜻밖의 결론에 도달한다. 구조를 구성하는 두 가지 요소는 현재와 가까운 미래 사이의 시간적 구분에 제한되지 않는다. 시간적 구분은 두 요소의 변증법적 긴장의 결과로, 현재에 실현되고 있는 하나님의 통치 때문에 현재와 미래의 중복이 가능하다고 하는 예수의 종말론과 같은 자료의 반증으로 설득력을 잃는다. 결정적으로 예수 종말론은 존재의 이해와 관련하여 긍정적인 내용을 전해 준다. 실제로 자료의 반증은 시간적 구분도 암시하고 또한 중복도 제시하기 때문에 예수 메시지에 함축된 존재 이해를 표현하고 있다고 할 수 있다. 이 세상의 권세를 포기하고 그 결과로 생겨난 어려움을 인내하는 것은 변증법적으로 틈입한 하나님의 임재와 관련이 있다. 하나님의 임재는 '현재의 악한 세대'의 권세로부터 자유롭게 하고 의미를 부여해 준다. 예수가 분명히 견지했던 개념으로서 하나님 나라의 미래성이 가지는 실존적 의미는 실제적인 하나님의 개입으로서 하나님 나라의 근접성은 우리가 통제할 수 있는 것이 아니고 계속되는 악의 세대 가운데 숨겨져 있다는 사실을 인식하는 것이다. 하나님 나라의 역사적 형태는 그 낮은 위치에서도 자유가 되며 자유로 남아 있다. 현재로의 하나님의 개입이 종말론적 미래라고 할 때 예수의 종말론적 메시지는 현재에서 종말론적인 존재 이해를 지향하고 있음이 분명하다. 예수의 메시지가 지향했던 현재의 이해는 그의 존재의 컨텍스트이고 그의 존재가 실현된 장이다. 예수의 존재의 비춤으로서 현재의 이 같은 이해는 그의 존재 이해와 비견될 만하다. 예수의 행동을 통해 드러난 하나님의 종말론적 오심은 예수의 존재를 구성하는 행위이다. 하나님이 십자가상에서도 예수를 포기하지 않으셨다는 것은 그의 존재를 구성하는 행위가 여전히 일어나고 있다는 부활 신앙을 통해서 입증되었다. 이렇게 우리는 부활하신 주의 임재를 비신화적으로 말할 수 있다. 여기에서 바로 케리그마를 평가할 수 있는 비평적 규범을 발견한다. 즉, 인간 예수에 대한 케리그마의 언급은 예수의 인격을 구성하는 이와 같은 존재 이해가 유지될 때만이 타당하다는 것이다. 오직 케리그마의 신앙의 행위가 예수의 존재를 구성하는 인간의 삶에서의 하나님의 행위로 이해될 때, 다시 말하면 '그리스도와의 연합'으로 이해될 때 타당성을 확보하게 되는 것이다.

II

가까운 미래의 관점에서 현재에 던지는 선포로 구성된 예수 메시지의 종말론적 양극성은 종종 완전히 발전되지 못한 형태로도 발견된다. 가장 단순한 문장 구조에서 주어는 인간을 지칭하고 술어는 직접적으로 하나님 나라와 주어를 연관시킨다. 이렇게 현재는 분명히 종말의 때와 관계하며 세대의 전환은 현재에 현실화된 개인의 운명의 전환점이 된다. 예를 들어 마태복음 21장 31절 후반부는 "세리들과 창녀들이 너희보다 먼저 하나님의 나라에 들어가리라"고 한다. 이와 같은 현재와 미래의 대면은 소외된 자들에게는 위안이 되고 기득권자들이나 부유한 자들에게는 경고의 말씀이 된다. 마가복음 10장 23절의 주어인 부유한 자는 종말론적 미래에 대한 술어가 따른다. "재물이 있는 자는 하나님의 나라에 들어가기가 심히 어렵도다!" 아주 흔한 문장에서 표현되는 이런 역설이 다른 형태의 담화와 연결될 수도 있는데 분명한 예가 같은 컨텍스트를 가진 낙타의 비유이다. 마가복음 10장 25절은 "낙타가 바늘귀로 나가는 것이 부자가 하나님의 나라에 들어가는 것보다 쉬우니라"고 기록한다. 이와 비슷하게 누가복음 9장 62절의 말씀은 종말론적 미래로부터 의미를 부여받은 현재를 살아가는 태도에 대하여 말씀한다. "손에 쟁기를 잡고 뒤를 돌아보는 자는 하나님의 나라에 합당하지 아니하니라."

마태복음 18장 3절에서 어린아이에 비유하여 임박한 미래를 선포한 것은 현재와 미래의 만남을 보여 주는 두 요소 구조의 예가 된다.

너희가 돌이켜 어린 아이들과 같이   결단코 천국에 들어가지 못하리라.
    되지 아니하면

두 요소로 구성된 이 같은 구조는 다양한 말씀 속에서 재현되고 그들의 공통된 구조를 기초로 분명한 경향, 즉 특별한 내용에 대한 강조들을 분별할 수 있게 한다. 이미 언급된 예수 말씀에 기초하여 하나님 나라에 들어간다고 하는 표현이 단순히 미래에 어떤 일이 일어날 것인가를 예견하는 것이 아니라는 사실을 알 수 있다. 오히려 하나님 나라에 들어가는 미래는 현재에 초점이 맞춰져 있다. 미래적인 나라는 현재에 이미 실현되고 있고 현재를 결정하는 요소이다. 미래적인 나라가 직설법적으로 종말론적 심판이 현재에 개입하게 하고, 염소와 양의 구분이 현재에 이루어지고 있으며, 미

래를 향하여 개인의 현재적 활동을 지도해야 할 필요성을 경고나 권면의
형태로 명령법적으로 표현해야 하는지를 결정하는 것이다.

　예수도 그의 고유 행위를 임박한 하나님 나라의 빛 안에서 해석한다. 그
예가 누가복음 22장 16, 18절과 마가복음 14장 25절에 있다.

이 유월절이 하나님의 나라에서 이루기까지	다시 먹지 아니하리라.
내가 이제부터 하나님의 나라가 임할 때까지	포도나무에서 난 것을 다시 마시지 아니하리라.
하나님 나라에서 새 것으로 마시는 날까지	내가 포도나무에서 난 것을 다시 마시지 아니하리라.

　예수의 행위가 임박한 하나님 나라에 의해 결정되었다는 사실은 특별히
누가복음 11장 20절의 축귀 말씀 속에서 인상적으로 표현된다.

| 그러나 내가 만일 하나님의 손을 힘입어 귀신을 쫓아낸다면 | 하나님의 나라가 이미 너희에게 임하였느니라. |

　현재와 하나님 나라의 관계는 이미 문장 구조 안에서 중재되지 않은 채
두 요소가 만남으로 감지될 수는 있지만 특별히 축귀와 관련된 예수의 말
씀 속에서 분명하게 나타난다. "너희에게 임하였느니라"는 표현을 통해서
두 번째 구의 가까운 미래에 있을 하나님 나라는 현재를 향하고 있다는 것
을 강조한다. 그러나 현재와 겹쳐진 미래는 현재의 악한 세대에서 인내해
야 하는 어려운 환경을 다루는 첫 번째 구에서 더욱 강조되고, 하나님 나라
의 현재적 형태에 대한 표현을 통해서 변증법적으로 확대된다. "하나님의

손"은 첫 번째 구에서 현재에 개입하시는 하나님의 나라를 가리키며 이것
은 두 번째 구인 "너희에게 임하였느니라"고 표현한 바로 그것이다. 비록
종교사학파의 두 요소 구조의 배경이 되는 유대 묵시주의의 두 세대 사상
이 현재와 미래의 겹침이 아닌 시간적 분리를 주장하고 있지만 이 두 가지
방법을 통해서 축귀에 관한 말씀들은 예수 메시지의 구조가 지향하는 현
재에 대한 변증법적인 이해를 표현하고 있다.

이러한 경향은 누가복음 6장 20-21절과 24-25절의 복 선언·화 선언에서
분명하게 드러난다.

너희 가난한 자는 복이 있나니	하나님의 나라가 너희 것임이요.
지금 주린 자는 복이 있나니	너희가 배부름을 얻을 것임이요.
지금 우는 자는 복이 있나니	너희가 웃을 것임이요.
그러나 화 있을진저 너희 부요한 　자여	너희는 너희의 위로를 이미 받았도다.
화 있을진저 너희 지금 배부른 자여	너희는 주리리로다.
화 있을진저 너희 지금 웃는 자여	너희가 애통하며 울리로다.

여기에서 우리는 같은 형식의 구조를 발견하게 되는데 첫 번째 구의 내
용은 소외된 자를 표현하고, 두 번째 구에서 선포된 하나님 나라의 관점을
가지고 현재의 악한 세대에서 시온의 평안을 누리고 있는 사람들을 표현
하고 있음을 알 수 있다. 그러나 첫 번째 구에서, 현재에 개입하는 미래를
표현했던 축귀의 말씀처럼 여기에서도 역시 두 번째 구에서 표현된 미래
적인 복이나 저주가 이미 "복이 있나니"나 "화 있을진저"의 표현을 통해
서 첫 번째 구에서 실현된 것을 볼 수 있다. 이렇게 형식상 묵시주의과 관
련이 있는 두 요소 구조는 복 선언과 화 선언에서 문장의 구조가 지향하는

현재의 종말론적 이해를 도모하는 표현의 수단으로 사용되고 있다. 여기서 구조 안에서의 지향은 한 단계 더 나아간다. 다른 예에서도 그렇듯이 두 번째 구의 특징이라 할 하나님 나라에 대한 암시가 둘째, 셋째 복과 화에 있어서는 첫 번째 구에서 사용된 표현에 대한 반대 개념을 위한 용어로 대체되었다는 사실이다. 이제 두 요소를 구별 짓는 요인이 시간적 요인에서 실질적 반대 개념으로 옮겨졌고, 무게 중심이 두 세대 사상으로부터 온 시간적 구분에서 두 세대의 실질적 반대 개념으로 전환되었다. 비록 형식상으로는 종교사학파의 임박한 기대의 컨텍스트가 유지되고 있지만, 시간적 구분은 두 가지 요소를 변증법적으로 통제하는 결정적인 특징인 실질적인 대조에 의해 대체되었다. 이것은 현재를 다루는 첫 번째 구에 두 번째 구의 종말론적 미래를 부여한 것으로 묘사해 온 흐름에 살을 입히는 것이다. 귀신 들린 존재에 개입하시는 하나님의 손이나 이런 악한 세계에 오시는 하나님, 또는 복으로 화로 이미 이루어진 종말론적 심판은 이제 존재론적 변증법을 표현한 반대 개념의 동사들 속에서 살을 입게 된다. '주림'/'배부름', '애통'/'웃음', '배부름'/'주림', '웃음'/'애통하며 움.'

형식상 구조의 실질적 특징이 된 이러한 존재론적 변증법은 예수의 종말론적 메시지를 실존적으로 이해하기 위한 안내 지침을 제시하며 다른 말씀들 속에서도 반복된다. 마가복음 8장 35절, 마태복음 10장 39절, 누가복음 17장 33절에서 우리는 '구원'('찾음' 또는 '얻음' 또는 '보전')/'잃음'의 변증법을 볼 수 있다.

누구든지 자기 목숨을 구원하고자 하면	잃을 것이요.
누구든지 나와 복음을 위하여 자기 목숨을 잃으면	구원하리라.
자기 목숨을 얻는 자는	잃을 것이요.

나를 위하여 자기 목숨을 잃는 자는	얻으리라.
무릇 자기 목숨을 보전하고자 하는 자는	잃을 것이요.
잃는 자는	살리리라.

구약성서에서 이미 예견된 '고양' / '비하'의 쌍은 마태복음 23장·12절의 말씀 속에서 똑같은 존재론적 변증법을 표현하고 있다.

| 누구든지 자기를 높이는 자는 | 낮아지고 |
| 누구든지 자기를 낮추는 자는 | 높아지리라. |

그리고 누가복음 14장 11절(참고. 18:14)을 보자.

| 무릇 자기를 높이는 자는 | 낮아지고 |
| 자기를 낮추는 자는 | 높아지리라. |

다른 말씀은 '첫째' / '마지막'의 반대 개념을 사용한다. 누가복음 13장 30절에서는 두 가지 요소의 시간적 분리를 여전히 고수하고 있다.

| 보라 나중 된 자로서 | 먼저 될 자도 있고 |
| 먼저 된 자로서 | 나중 될 자도 있느니라. |

그러나 시간적 구분이 두 가지 요소의 분리의 실제적인 근거가 되지는 못한다는 것은 마태복음 20장 16절과 마가복음 10장 31절의 말씀을 보면 분명하다. 여기서 미래형 동사는 두 번째 구가 아닌 첫 번째 요소의 앞에 위치한다. 그렇게 함으로써 첫 번째 요소와 두 번째 요소가 서로 직접적으

로 만나게 된다.

되리라.	이와 같이 나중 된 자로서	먼저
(So will be)	먼저 된 자로서	나중
많으니라.	그러나 먼저 된 자로서	나중 되고
(But there will be many)	나중 된 자로서	먼저 될 자

이러한 변형은 우리가 추적한 구조 안에서의 흐름이 가지는 논리적인 결과물이다. 예수의 종말론적 메시지는 유대 묵시주의의 두 세대 교리에 뿌리를 두고, 많은 예수의 말씀 가운데서 두 요소 구조를 형성하면서 존재론적 변증법이 분명하게 드러나는 현재를 꾸준하게 지향하고 있다. 그것이 예수의 현재 이해를 표현한 것이고 예수의 존재 이해의 핵심이 되었다. 이렇게 종말론적으로 이해되는 현재, 하나님의 오심은 신앙하는 존재의 구성 요소이고 출처이며 컨텍스트이다. 예수의 행위는 이런 존재의 실현에 있다. 또한 그의 메시지는 이러한 존재의 이해를 표현한 것이다.

Ⅲ

하나님은 세리와 창녀를 용서하셨고 부자의 안일함을 무너뜨리셨다. 오직 어린아이와 같은 사람만이 구원을 얻는다. 귀신 들린 자들은 하나님의 손이 자유롭게 할 것이다. 가난 가운데 하나님의 통치가 있고 배고픔 가운데 배부름이 있으며 눈물 가운데 기쁨이 있다. 이에 반하여 배부른 사람은 굶주리게 되고 웃는 자는 애통하며 흐느낄 것이다. 죽음도 불사하며 조건 없이 자신을 개방하는 사람은 하나님께 받은 영원을 살게 되지만 자신의 목숨을 구하고자 하는 사람은 생명을 잃게 된다. 끊임없이 자기를 높이는 사람은 바닥으로 내쳐지지만 겸손한 사람은 하나님이 높이실 것이다. 왜냐하면 하나님은 첫째를 마지막 것으로 돌리고 마지막 것을 첫째로 돌리기 때문이다. 바로 예수의 현재에서 일어나는 이러한 종말론적 사건 속에서 예수의 존재는 만들어진다. 여기에서의 존재는 다양한 방법으로 표현되지만 그 다양성 속에서도 일관된 존재의 해석이 있다.

예수의 이 같은 존재 이해를 단순히 교리화한다고 해서 보존할 수 있는 것은 아니다. 예수의 존재 이해는 본질적으로 예수 스스로가 그의 존재를 인간에 의해 결정된 것이 아니라 하나님에 의해서 또한 하나님이 조성하신 종말론적 상황에 의해서 결정된 것으로 보는 데 있다. 따라서 하나님의 세계에의 개입 없이도 이 존재는 실현될 수 있다고 추론하는 것은 부적절하다. 이것은 항상 기독교의 존재 이해가 하나님과 세계, 그리고 역사의 이해를 수반한다는 것을 분명히 한다. 그리스도인의 존재는 부활 없이, 다시 말하면 예수의 존재를 우주적 존재로 이해함 없이는 불가능하다. 예수를 우주적 존재로 선포하는 케리그마는 예수 안에서 존재적으로 무슨 일이 일어났는가를 존재론적으로 설명하는 것이다. 부활 사건 속에, 말하자면 우주적 존재에 기독교 선포의 근거가 있다. 그러나 그러한 선포의 신학적 타당성에 관한 비평적 연구의 규범은 예수의 존재와 우주적 존재의 통합에 있다. 비평적 연구는 기독교 선포가 단순히 형식적인 예수의 이름만을 말하고 있는지 혹은 실질적인 그의 존재 이해를 포함하고 있는지를 물어야 한다. 오직 신앙의 행위 안에서 자신을 예수의 존재 이해에 투신함으로써 예수의 존재를 구성하는 행위가 그리스도인의 삶 속에서 일어날 때, 신학적으로 그 사람은 실제로 그리스도와 연합하였고 새로운 삶에 참여하게 되었다고 말할 수 있다. 여기에 바로 그리스도와의 '신비적 연합'이 있다. 이것은 단순히 신비적이지 않고, 신화적이지 않은 존재론적인 실체이다.

기독교 선포와 신앙이 이러한 예수의 인격의 실체와 호응하는지 아니면 단순히 그의 이름만을 담고 있는 것인지 묻는 것, 즉 규범적인 신학적 질문은 예수의 메시지가 정확하게 예수의 말씀 자체(*ipsissima verba*)로 옮겨졌는지를 묻거나 초기 교회 케리그마가 후속적인 교리적 첨삭 없이 보존되어 왔다고 묻는 것으로 해결될 수는 없다. 오히려 예수의 말씀의 변형과 후대의 기독론적 개념화의 발전 과정 속에서 예수의 인격을 구성하는 그의 존재 이해가 신실하게 선포되었고 신앙되었는지를 물어야 한다.

이 문제에 대해서는 초기 교회의 케리그마와 관련하여 앞에서 이미 다루었다. 이제 초기 기독교 선포의 다른 형태로서 예수의 말씀이 권위 있는 주님의 말씀으로 인정되는 과정을 다루어 볼 것이다. 이러한 목적으로 앞에서 인용된 마태복음 18장 3절의 어린아이에 관한 예수의 말씀을 사용할 수 있을지도 모른다. 그 말씀은 곧 초기 교회에서 세례 정형문이 되었고 빈번하게 읽혀졌기 때문이다. 케리그마가 계속해서 예수에 관하여 말하는 것과 마찬가지로, 이런 말씀들도 거의 항상 주님의 말씀으로 인용되었다. 그러나 케리그마의 경우처럼 결정적인 질문은 그 말씀이 예수의 것이라는 표현과 함께 단순히 그의 이름만을 보존하고 있느냐 아니면 그의 인격을 구성하는 존재의 이해도 보존되어 있느냐 하는 것이다. 어록의 말씀이 예수의 말씀으로 단순히 전이되는 것은 그다지 중요하지 않다. 다양한 존재의 이해는 예수의 말씀 속에서 읽을 수 있지만 그런 경우 예수의 인격과 실질적인 관계를 상실한 경우가 대부분이기 때문이다. 또는 그러한 말씀은 현재에 대한 이해와 그 현재 속에서의 존재의 이해를 지향하는 최초의 목표를 잃을 수 있고 미래적인 사건을 말하는 묵시문학적인 예견이나 죽어서 천국으로 올라가는 가장 안전한 영혼의 길에 대한 영지주의의 사고로 환원될 수도 있다. 이 경우에 예수의 존재 이해는 최초의 의도에 있어서 말씀에 가장 기본적인 것이 되고, 이런 식으로 주님의 말씀으로서 인용의 타당성은 상실하게 된다.

　말씀의 배경으로서 세례는 어떻게 어록이 어린이들과의 비유의 관점에
서보다는 재생의 관점에서 등장하기 시작했는지를 설명한다. 다음의 경우
를 보자.

요한복음 3장 3, 5절

사람이 거듭나지 아니하면	하나님의 나라를 볼 수 없느니라.
사람이 물과 성령으로 나지 아니하면	하나님의 나라에 들어갈 수 없느니라.

Justin, *Apol.* Ⅰ. 61, 4

네가 다시 나지 않으면	하나님의 나라에 들어갈 수 없느니라.

Pseudo-Clementine *Homily* XI, 26.2

네가 생명의 물과 아버지와 아들과	하나님의 나라에 들어갈 수 없느니라.
성령의 이름으로 새롭게 태어나	
지 않으면	

Clement of Alexandria, *Coh. ad Gr.* IX, 82.4

성경에 이른 바와 같이	하나님의 나라에 들어갈 수 없느니라.
너희가 어린아이와 같이 되지	
않고 새로워지지 않으면	
너는 진정한 아버지인 그를	
영접하지 [않으면]	

원래 말씀의 이 같은 변형의 적법성은 단순히 전이의 과정에서 예수 말

씀 자체가 후대의 신학적 개념화와 다른 환경에 의해 대체되었다는 것을 지적함으로써 결정될 수는 없다. 오히려 예수에 의해 표현된 존재 이해가 새로운 용어에서도 보존되어 있는가를 물어야 한다. 만일 여기에서 성수 (baptismal water)가 마법적으로 이해되어, 살아 있는 물이기 때문에 성령이 가득한 물이라거나 예수의 세례로 실체가 정화된 물이라거나 성례 구성물과 같이 '불멸의 약'(Ignatius, *Eph.* 18.2과 20.2을 비교하라)으로 기능해서 교회의 권위 아래 있게 된다면, 사실 예수의 존재 이해가 성례주의와 성직자주의의 오만으로 대체된 것이 아닌가 의심하게 될 것이다. 실질적으로 왜곡된 어록을 주님의 말씀으로 인정하는 것은 타당하지 않다. 한편, 재생의 용어를 포기하는 것이 어록을 주님의 말씀으로 사용해도 무방하다는 것을 입증하지는 못한다. 따라서 대체한 것의 도덕적인 해석이 자기 의에 기초한 실천을 지향하지는 않는지를 물어야 하고, 정반대의 개념화를 통해서 예수의 존재 이해와는 양립할 수 없는 자기 안위적인 존재 이해를 지향하지는 않는지 물어야 한다. 재생의 모티브가 요한 신학의 관점에서 이해될 때, 어록의 말씀을 주님의 말씀으로 소개하는 것은 예수의 존재 이해를 여러 용어를 통해서 찾을 수 있다는 한에서는 타당하다.

어록의 말씀은 영지주의 문서인 *Martyrium Petri* 9장에서도 나타난다. 순교자―여기서는 물론 문학적 허구―에 의해 사용된 어록은 배경이 수정되는데, 그 배경이란 세례와 순교를 같은 선상에서 이해하여 순교를 피의 세례로 보는 것이다. 재생으로서 세례는 이미 하나님의 형상을 간직한 원초적인 인간(골 3:10)과의 연합과 관계가 있기 때문에, 영지주의적 판타지의 일부를 취하여 베드로가 십자가에 거꾸로 달렸다는 전통에서 원초적인 인간이 하늘로부터 지상으로 내려왔다는 심층의 의미를 보게 한다. 이러한 위아래의 뒤바뀜 속에서 오른편은 왼편이 되고 왼편은 오른편이 된다. 그리고 '심층'의 영은 이곳에서 모든 방향과 가치가 완전히 전복되는 것을 목격한다. 이것은 또한 보다 더 깊은 연구의 장으로 인도한다. 이런 사고의 훈련이 어록에 서문을 붙이게 하였고 또한 어록의 극단적인 어순의 변형을 설명할 수 있게 하였다(*Acta Phipippi* 34).

만일 너희가   하나님의 나라를 알 수 없으리라.

    우편을 좌편으로 만들지 못하고

    좌편을 우편으로 만들지 못하고

    위를 아래로 만들지 못하고

    아래를 위로 만들지 못하면

풍부한 상상과 이런 가치의 전복이 열어 주는 성찰을 수용하면 어록이 여전히 변형되고 있고, 성적 고행으로까지 발전하는 것은 놀라운 것은 아니다. 일반적으로 세례가 교회에 입회하는 조건이었던 것처럼 성의 포기가 영지주의 분파에 들어가는 조건이었다고 생각한다면, 원래의 배경이 세례였던 말씀이 한 분파에 입회하는 유사한 배경 속에서 재형성되고 변형되는 것을 보는 것은 어렵지 않다. 이 특수한 변형은 또한 세례를 통한 재생이 흔히 양성적인 존재로 알려진 원초적 인간과의 신비적 연합을 가리킨다는 견해에 의해 강화된다. 예수 말씀에 대한 이러한 변형은 「도마복음」의 예수 말씀 22절에서도 볼 수 있다.

예수께서 젖먹이 아기들을 보고는 제자들에게 "이 아이들은 천국에 들어가는 자들과 같도다"라고 말씀하셨다. 그러자 제자들이 "그러면 우리도 어린 아이처럼 하늘나라에 들어가겠나이까?"라고 물었다.
예수께서 제자들에게 말하길,
"너희가 둘을 하나로,

안을 바깥처럼,

바깥을 안처럼,

위를 아래처럼 만들 때,

남자와 여자를 하나로 만들어

남자는 남자가 아니고

여자는 여자가 아닌 것으로 만들 때,

눈이 있는 자리에 눈들을,

손이 있는 자리에 손을,

발이 있는 자리에 발을,

닮은 것이 있는 자리에 닮은 것을 만들 때,

그대들은 [천국에] 들어가리라."

이 말씀은 중립적으로 모든 가치의 전복에 대하여 기술하면서 시작한다. 많은 변형의 집합들을 수용하지만, 결국 사람이 "닮은 것이 있는 자리에 닮은 것"을 만들 때, 이것은 재생에 함축된 변형을 암시하면서 끝난다. 그 결과 인식의 한계를 넘어서 변형된 예수 말씀은 어린아이에 관한 말씀으로부터 발전되어 왔다는 것을 알려 주는 서문이 기본적 구조가 제시하는 암시를 확증하는 것으로 볼 수 있다. 이것이 예수의 어린아이에 대한 언급이 예수 자신에 의해서 '명확해지는' 장면에서, 예수 말씀이 최종적인 형태로 추측했던 대로 회화적인 표현을 얻은 바로 예수 말씀의 전이의 역사다.

예수의 말씀이 인식을 초월해서까지 변형될 때, 단순히 문화적 컨텍스트의 이질성에 주목하거나 예수의 상황과 비교를 통해서 개념화함으로써 그것을 현재화하려는 시도를 포기할 수는 없었다. 신학적으로 말하자면 그것은 천상적인 주님에 의해서 상황에 맞게 권위를 가지고 선포되었다는 것이다. 한편, 그러한 발전의 적법성은 어린아이에 관한 예수의 말씀에 뿌리를 내리고 있는 「도마복음」에 의해서 강화되지도 않는다. 왜냐하면 이것은 단지 예수 말씀의 전이의 역사에 관한 관찰일 뿐이지 신학적 정당화는 아니기 때문이다. 예수의 원래 말씀의 이 같은 변형에 대한 실질적인 정당성은 문화적이고 개념적인 컨텍스트의 변형 속에서 예수의 존재를 구성하는 인간의 행위 안에 하나님의 행위가 있다는 존재 이해가 선포되었다는 것을 보여 줄 때 얻게 된다. 그때에야 말씀이 신학적으로 예수의 인격에 뿌리내리고 있고 모든 신자를 그리스도와 연합하게 하는 권위 있는 주님의 말씀으로서의 선포에 적합하다고 할 수 있다. 원래의 예수의 말씀이 선포했던 행위 속에서 예수의 존재는 실현될 수 있고 그리스도인의 존재도 실현될 수 있다. 역설적 내용은 역설적 형식(갈 2:20)을 필요로 한다.

제7장 '새로운 탐구'에 대한 최근의 논의

나는 1959년 이래로 역사적 예수의 새로운 탐구의 발전을 분석해 달라는 요청을 받았고 『역사적 예수에 대한 새로운 탐구』의 개정 증보를 해 달라는 요청을 받았다. 1961년에 제2판이 출판되었을 때 1960년에 독일에서 추가적으로 발견된 자료들을 첨가할 수 있었다. 그러한 자료의 증보는 반드시 필요한 것이다. 1959년 이후에 나타난 저술의 양은 그때 이전에 출판된 자료의 양을 훨씬 능가한다. 많은 자료들이 반복되었고 논의를 진전시키지는 못했다 하더라도, 중요한 발전은 있던 것이 사실이다. 그것들은 1959년까지는 보기 어려웠던 반대 주장의 등장에 주목하였다.

|

나의 1959년 출판물의 한계에도 불구하고 그 책은 독일의 논의가 여전히 형성기에 있던 때에 독일 신학의 새로운 경향을 미국에 소개하고 그 결과로 논의가 두 가지로 형태로 진행될 수 있도록 하였다. 성서학자협의회(National Association of Biblical Instructors)가 불트만의 1941년 발표 이

후 16년 만인 1957년에 비신화화에 관한 심포지엄을 개최한 것에 비해서, 케제만의 표제적인 논문이 발표된 지 7년 만인 1961년에 이 주제에 관한 심포지엄을 개최하였다는 사실은 우리 시대에 긴요한 두 신학 전통의 간격이 좁혀지고 있다는 전조였다. 그때까지 몇 번의 심포지엄은『신학의 새로운 경계: 유럽과 미국 신학자들의 논의 New Frontiers in Theology: Discussions Among Continental and American Theologians』라는 제목으로 출판되었고 이것은『후기 하이데거와 신학 The Later Hiedegger and Theology』,『신해석학과 역사로서의 신학 The New Hermeneutics and Theology as History』이라는 제목으로 권이 분리되었다.

역사적 예수의 새로운 탐구가 두 가지 형태로 논의되었다는 것은 루돌프 불트만이 하이델베르크 과학원에서 그의 학생에게 한 답변 가운데 나의 책과 독일 학생의 비평을 포함하였고 또한 스탠포드 대학의 에드윈 굿(Edwin M. Good)과 서던메소디스트 대학의 반 하비(Van A. Harvey)가 보낸 편지에 보낸 지지와 시베리 신학교의 풀러(R. H. Fuller)의 논평에 지지를 표명한 사실에서 두드러진다. 따라서 우리가 시작한 논의의 중요한 측면 가운데 하나는 미국 학자의 참여라고 할 수 있다.

역사적 예수의 최초의 탐구가 미국에서는 결코 종결된 것이 아니었기 때문에 우리는 매우 분명하게 새로운 탐구와 관련한 기본적 논제는 새로운 탐구가 약점을 지닌 채 과거의 탐구를 재현하는 것이 아닌가, 다시 말하면 최초의 탐구에 대한 불트만의 비판을 유지한 채 진행하는 후기 불트만 학파의 연구가 아닌가를 생각해야 했다. 확실히 그 기초에 있어서 최초의 탐구를 견지하는 것은 새로운 것의 기초가 가진 수용성에 의존한다는 것을 의미한다. 최초의 탐구와 새로운 탐구의 구분이 모호해지기를 바라는 사람이 있을지도 모른다. 그러나 이것은 내가 내 책의 반을 최초의 탐구는 역사적으로 불가능하고 신학적으로 타당성이 없다는 불트만의 설득력 있는 주장을 소개하는 데 할애하면서 피하려 했던 퇴행이다. 물론 사람이 시간이 흐르면서 변화할 수는 있다. 어니스트 캐드만 콜웰(Ernest Cadman Colwell)은 50년 동안 신약성서를 가르칠 교수를 선출하는 자리에서 교수 대상자의 자격으로 많은 교수들 앞에서 새로운 탐구는 미래 연구의 전형이 될 것이라고 말할 수 있었다. 이것은 단순히 그가 셜리 잭슨 케이스(Shirley Jackson Case)의 제자로서 기독교는 반드시 역사적 예수를 재구성해야만 한다는 확신을 얻어서가 아니라 케이스의 사회-역사적 방법은 그가 포위크(Powicke)와 블로흐(Bloch)에서 발견한 새로운 방법론에 의해 대체 되거나 보완되어야 한다고 믿었기 때문이다. 그 방법론은 딜타이나 콜링우드(Collingwood)와 관계가 깊다.

좋든 싫든 미국의 새로운 탐구의 배후에서 논의되는 최초의 탐구와 연속성에 관한 문제들은 최근의 미국판 예수의 생애라고 할 만한 모튼 스캇 엔슬린(Morton Scott Enslin)의 『나사렛에서 온 선지자 The Prophet from Nazareth』에서 가시화된다. 이 책에서는 양식비평과 케리그마 신학은 살짝 뒤로 하고 풍자적인 내용을 선보인다. "그들은 역사적 예수를 발견하는 것은 불가능하고 이에 대한 연구는 시간 낭비일 뿐이라고 생각해서 영원한 그리스도라는 인물을 창조하고 구원의 서사시에서 핵심 역할을 부여했다. 이것을 전문 용어로 말하면 구속사(Heilsgeschichte)이고 모든 우주의 역사의 가장 중요한 장을 구성한다." 예수에 관하여 아무것도 알 수 있는 것이 없다는 입장을 고수하기 위한 수단으로 양식비평을 제시함으로써, 최초의 탐구에 참여한 자들은 그들의 비평자들을 제거하려 하였고 아무 일도 없었던 것처럼 그들의 연구를 지속하기 원했다. 그런 상황에서 젊고 정력적인 불트만 학파의 조직신학자였던 슈베르트 옥덴(Schubert M. Ogden)은 새로운 탐구를 보고 이렇게 불평을 토로했다. "추정되는 '새로움'의 정도는 전적으로 불트만의 입장이 심하게 단순화되었다거나 심지어는 잘못되었다는 인상을 피하기 위한 시도에 전적으로 달려 있는 것 같지는 않다." 옥덴이 각주를 통해서 "이 문제는 의도하지 않게 로빈슨 자신에 의해서 제기되었다"고 하였을 때 나는 의도적으로 불트만 입장에 대한 풍자에 대해 의문을 제기하였고 논박을 위해서 불트만의 저술을 모았으며 읽는 데 시간을 보냈다고 답하였다. 그러나 우리가 할 수 있는 모든 것을 다하였지만 그 풍자는 예수의 '주목하지 않을 수 없는 인격'과 '불굴의 용기'에 대한 지속적인 탐구의 보호막으로 존속하였다.

역사적 예수의 새로운 탐구에 대한 논의는 잘 알려진 전통의 또 다른 예로 많은 사람의 이목을 집중시켰다. 따라서 알려진 전통을 저주라고 생각하던 젊은 세대는 역사적 예수 탐구를 거부함으로서 반응하였다. 폴 메이어(Paul W. Meyer)는 이 문제에 대하여 퉁명스럽게 이렇게 말한다. "형식에 있어서 새로운 탐구는 내 종교적인 경험상 하나님과의 관계에 있어서 아들 됨을 느꼈던 예수의 그 느낌의 재현이 믿음이라고 이해한 자유주의자들의 믿음 이해와 닮아 있다. 이것은 마치 예수의 인격과 역사적 유사성에 완전히 의존하는 것과 같다. 우리는 여기서 슈바이처의 후손들에게 완전히 굴복한 것 같다." 그리고 메이어는 월터 벨 데니(Walter Bell Denny)가 1934년에 발간한 『예수의 업적과 의미 *The Career and Significance of Jesus*』를 '극단적인 예'로 언급하였다. 말하자면 나쁜 친구가 좋은 예절을 망쳐놓는다는 식으로 말이다. 그래서 새로운 탐구의 주창자들이 현재의 상황에서 논의를 전개할 때, 반드시 새로운 탐구가 이전의 것과 '완전히 병행'하지 **않는다**는 것을 보여 주어야 하는 어려움을 겪어야 했다. 새로운 탐구는 예수의 가졌던 감정을 밝히려 하지 않는다. 왜냐하면 기록이 우리에게 말해 주는 것은 예수가 어떻게 느꼈는가가 아니라 예수의 의미에 대한 것이기 때문이다. 예수의 존재 이해는 그의 의식의 흐름이 아니라 그의 말과 행동의 역사 속에서 드러나는 것이다. 추정된 그의 특수한 전기 자료가 아니라 이것이 바로 그가 역사적 인격이라고 하는 이유이다. 믿음은 한 인간의 자세를 모방하여 재현하는 것이 아니다. 믿음은 하나님께 대한 응답이며 케리그마가 예수 사건과 함께 선포했던 하나님의 종말론적 행위에 대한 응답이다. 믿음은 전적으로 예수의 인격과 역사적 친밀성에 달려 있는 것이 아니다. 케리그마에서 선포된 것은 종말론적인 하나님의 행위이기 때문이다. 예수를 하나님의 행위의 장으로 볼 수 있는 것은 바로 케리그마에서 말하는 믿음의 결과이다. 신학적 반성으로서 이성을 추구하는 믿음(*fides quaerens intellectum*)이 바로 새로운 탐구를 시작하게 한 것이다. 새로운 탐구는 "슈바이처의 후손에게 완전히 항복"할 필요도 없고 해서도 안된다. 사실 나는 『나사렛에서 온 선지자』의 논평을 쓰면서 이렇게 글을 맺었다. "이 책의 비평적 독자는 불트만주의자가 되고 싶어할 것이다."

이전의 컨텍스트 안에서 새로운 탐구가 직면한 상황에 대한 문제는 조직신학의 문제이기도 했고 신약학의 문제이기도 했다. 존 매커리(John Macquarrie)는 역사가들이 케리그마에 '경험적 근거'와 '최소한의 사실적 핵심'을 제공해야 한다는 자신의 주장을 견고하게 하기 위해서 새로운 탐구를 환영했다. 사실 매커리는 풍랑을 잔잔하게 했던 사건의 비신화적 해석은 "그리스도께서 실제로 호수의 풍랑을 잔잔하게 했다"는 "이야기에서의 객관적인 언급"을 거부하는 것이라고 주장하였다. 그는 이에 대하여 최소한 "말씀이 육신이 되었고 그 말씀이 우리와 함께하신다"고 여러 차례 주장하기도 했다. 그러나 이런 진술이 역사가를 통해서 나오기를 기대하는 사람은 역사가들의 연구가 가지는 한계를 이해하지 못한 것이다. 사실 매커리의 쟁점은 새로운 탐구 자체에 의해서라기보다는 새로운 탐구에 연루된 모든 사람들로부터 거부당했던 에텔베르트 스타우퍼의 낙관주의적 연구의 잔재이다. 확실히 매커리는 새로운 탐구의 '최소한의 핵심'과도 같은 것을 언어적으로 표현한 것이다. 새로운 탐구가 "역사 속에서 케리그마가 선포하는 존재의 가능성을 보여 준 사람이 있다"고 말하는 것처럼 말이다. 그는 분명히 케리그마가 선포한 실제는 예수의 경우에 역사적으로 발생했음을 증명할 수 있다고 생각한 것이다. 그러나 다시 말하지만 이 실제는 하나님의 종말론적인 구원 역사이며 그의 말처럼 역사적으로 증명될 수 있는 성질의 것이 아니다. 이 하나님의 행동이 **믿음의** '사실'이고, 그것이 역사가들에 의해서 이런 종류의 '사실성'이 가지는 어떠한 '최소한의 핵심'도 언급될 수 없는 이유이다. 불트만이 복음은 바울에게 있어 종말론적 사건이 일회적으로 모든 사람을 위해서 일어났음을 의미한다고 한 것은 옳았다. 그리고 그것이 나에게도 일어나고 있다는 사실이 선포되어지는 메시지인 것이다. 그러나 이것이 복음의 증명과 믿음이 별개라는 것은 아니다. 오히려 나에게도 일어나고 있다는 것을 믿을 때 종말론적 사건은 유일회적으로 모든 사람을 위해 일어났음도 믿는 것임을 의미한다. 이것이 바로 그리스도인이 자신의 존재를 이해하는 방법이다. 그러나 이러한 존재 이해가 예수에게 근거한다는 것을 증명하는 것은 그러한 이해가 참인지를 가리는 것이 아니다. 즉 하나님께서 행동을 하셨는지 혹은 하시고 계신지를 증명하는 것이 아니다. 또한 증명된 것들의 '최소한의 핵심'을 바라는 것도 예수의 존재 이해를 묻는 동기가 될 수 없다. 실제적인 동기는 이성을 추구하는 믿음의 컨텍스트에 있으며 믿음을 반추하는 신학의 컨텍스트에 있다. 그것은 절대로 신앙 없이도 믿음으로 나아갈 수 있는 확실한 통로를 개척하는 것이 아니다. 그래서 칼 마이칼슨(Carl Michalson)은 매커리를 비판하면서 "이 낙관주의적 망령이 매커리로 하여금 역사적 예수 탐구의 재개의 목적을 오해하게 했다"고 하였다.

1959년 이래 독일 신학계의 논의에서 일어난 가장 의미 있는 일은 엄청난 양의 출판물이 아니다. (이것은 종종 질보다는 양에 더 집착하는 경우이다. 710쪽짜리 심포지엄 출판물인 『역사적 예수와 케리그마의 그리스도 *Der historische Jesus und der kerygmatische Christus*』라는 책이 가장 좋은 예가 되겠다.) 가장 주목할 일은 독일과 미국 공히 같은 이유에서 반대 주장이 나타나기 시작했다는 것이다. 이전에 불트만이 새로운 탐구를 제안해서 경험한 충격은 처음에 새로운 탐구가 이전의 모든 연구 결과들을 무시했을 때와 비슷하다. 케제만이 예견한 '격렬한 논쟁'은 그의 기대에 미치지는 못하지만 이제야 조금씩 생겨나기 시작했다. 그는 불트만 학파 내의 위치를 놓고 경쟁하던 에른스트 푹스가 19세기 신학과 새로운 탐구를 조합하면서 자신을 점점 궁지로 내몬다고 생각하지는 못했다. 케제만 자신은 최근에 '기독교 신학의 모체'가 예수의 종말론의 임박한 기대가 아닌 부활 경험에서 비롯된 광신적 묵시주의에 기초한다는 것을 규명하였다. 따라서 새로운 탐구보다는 구속사(*Heilsgeschichte*)가 초기 교회의 역사에 대한 관심을 표현하는 데 적합한 듯 보였다.

이와 비슷하게 한스 콘첼만은 에벨링과 함께 취리히에 있는 동안 새로운 탐구와 관련하여 푹스와 에벨링의 입장이 가지는 잠재적 위험성을 언급하기도 하였다. 그러나 그가 독일 내에서 가장 유력하게 최초의 탐구와 연속성을 주장하던 괴팅엔으로 갔을 때는 아무리 역사적 예수에 관하여 논의할 수 있다고 하지만 그 문제는 기독교 신앙과 별 관계가 없다는 주장을 하면서 새로운 탐구에서 멀어졌다.

새로운 탐구와 관련한 이러한 유보는 완전히 정리된 결과가 아닌 심정적인 이유 때문에 발생한 것만은 아니다. 왜냐하면 불트만이 처음으로 개인적인 입장을 표명했던 것이 1959년 7월 25일 하이델베르크 과학원의 강의에서 학생들과 나눈 문답 시간이었고 이것이 출판된 때가 1960년 12월이기 때문이다.

불트만은 예수와 케리그마의 역사적 연속성에 관한 질문과 실질적인 상호 관련성에 관한 질문을 구분하면서 그의 답변을 시작했다. 역사적 연속성에 대하여는 우선 그의 입장이 역사적 연속성을 부인하지 않음을 분명히 하였다. 그러한 연속성은 케리그마가 관심을 둔 것은 천상의 주님이 나사렛 예수와 하나였다는 것이지, 예수에 대한 역사적 자료가 아니라는 그의 주장에서 비롯된 것이다. 예수가 없다면 케리그마도 없었을 것이다. 둘째로 불트만은 실질적인 관계를 주장하기 위한 현재의 시도들을 조사하였다. 어떤 사람은 케리그마가 역사적 예수의 묘사와 그의 행위에 대한 기록을 보존한다는 것을 근거로 실질적 관계를 주장한다. 그러나 불트만은 복음서 이전의 케리그마 전통은 그러한 묘사를 포함하지 않는다고 지적하였다. 그래서 논의는 케리그마의 한 형태로서 복음서가 역사적 예수의 묘사를 담고 있는 케리그마의 전통에 속한 것인지 아닌지에 대한 문제로 옮겨졌다. 불트만은 먼저 지금까지는 논의되지 않았던 주제로, 복음서는 전기를 위해 필요한 역사적 정보를 갖고 있지 않다는 주장을 폈다. 물론 공관복음을 통해서 어느 정도의 역사적 정보를 얻을 수 있다. 그러나 불트만은 역사적 예수의 그림을 그릴 때 가장 어려운 것은 누구도 예수가 그의 죽음을 어떻게 맞이하였는지 알 수 없다는 것임을 알았다. 수난 예고는 사건 후의 예언(vaticinia ex eventu)이고, 세례 요한의 죽음을 강조하며 심리적 논의를 전개했던 폭스의 주장은 설득력이 없다. 왜냐하면 예수는 결코 요한과 함께 있는 존재로서 자신을 이해하지 않았기 때문이다. 더욱이 우리가 실제로 예수의 마지막 24시간을 모르기 때문에, 예수는 잘못된 이유로 죽게 될 것임을 알았고 무의미한 실패로서 자신의 죽음을 기다렸을 것이라고 추측할 뿐이다.

이제 예수의 죽음에 관한 이러한 정보가 전기를 쓰는 사람에게는 의미가 있을지도 모르지만 예수의 죽음과 관련하여 신학적으로 시사하는 바는 오직 하나이다. 케리그마가 예수가 자신의 생명을 포기하고 죽음을 받아들였다고 말할 때, 이것은 나사렛 예수에 대하여 말하는 것인가 아니면 그의 이름은 사용하고 있지만 그를 지칭하는 것이 아니고 비역사적인 죽음과 부활의 신화에 대하여 말하고 있는 것인가? 만약 전자라면, 이는 예수의 마지막 24시간 동안에 무슨 일이 일어날 것인가를 예수가 어떻게 이해했는가의 문제가 아니다. 그것은 주어진 시간에 그의 의식의 흐름을 묻는 심리학적 과정의 문제가 아닌 것이다. 오히려 하나님의 나라의 개입으로 얻을 생명을 얻기 위한 현재의 악한 세대를 거부한다는 나사렛 예수의 존재 이해가 있었는가의 문제이다. 예를 들면 생명을 얻고자 하는 자는 잃을 것이고 생명을 잃는 자는 얻을 것이라는 말씀에서처럼 말이다. 불트만은 예수가 십자가에 달리던 금요일에 어떤 느낌을 가졌을까에 대하여 우리가 아는 바 없다는 문제를 거론하지 않는 나의 태도를 지적하였다. 왜냐하면 나는 죽음을 수용했다는 입장을 취했고 그것이 예수의 존재 이해라고 생각했기 때문이다. 사실 나의 주장은 바울의 존재 이해가 예수의 사고 속에 함축되어 있다고 했던 불트만이 이미 주장했던 바다. 나는 단지 케리그마의 예수에 관한 언급이 실제로 적절한 것이라면, 케리그마의 언급은 예수의 존재 이해 안에 있는 케리그마가 함의되어 있다는 것을 요구한다고 말하고 싶었다. 이 문제는 예수가 그의 마지막 24시간 동안 가졌던 느낌을 다루는 것과 같은 풀리지 않는 문제를 가지고 씨름하지 않아도 되는 것이기 때문에, 막다른 골목을 피하는 것으로 방법론적으로 건전하다.

불트만이 공관복음의 역사적 정보에 대하여 논박한 것은 공관복음이 실제의 상황에서 '곡해'된 정보를 담고 있다는 점에서였다. "공관복음에서 역사적 보도와 케리그마의 기독론의 조합은 역사를 수단으로 그리스도의 케리그마를 정당화하려고 한 것이 아니라 그것을 케리그마적인 기독론의 빛 안에서 조명함으로써 예수의 역사를 메시아적인 것으로 그리기 위함이었다." 불트만은 콘첼만이 주장한 메시아 비밀과 연계하여 이런 주장을 폈다. 최초에 브레데와 불트만에 의해 제기된 메시아 비밀의 관점은 불트만의 현재 입장을 지지한다. 즉 메시아 비밀로 인해서 메시아답지 않은 이야기도 수용될 수 있었다는 것이다. 역사적 예수는 기독론에 위협이 되지 않을 때가 아니라 간접적으로 기독론과 부합할 때만 수용되었다. 그러나 불트만은 그와 브레데의 전통적 해석을 공개적으로 뒤엎은 콘첼만의 메시아 비밀에 근거한 개념의 도입을 수정하지 않았다. 마가복음 이전에 구전 전승은 이미 메시아적이거나 기독론적이었다. 마가의 작업은 이 기독론적 전승에 메시아의 비밀과 같은 자기 고유의 역설적인 케리그마 이해를 겹쳐 놓은 것이다. 이렇게 두 번의 케리그마화 작업이 진행되었다. 신자들은 기독론을 제시하기 위해 예수 전승을 사용하였다. 그러나 이 기독론은 마가에게 건전하지 못한 케리그마 같다는 인상을 주었다. 그래서 마가는 바울처럼 오직 십자가를 선포하는 데로 나아가기보다는 예수 전승 자체가 진정한 케리그마를 제시한다는 입장을 받아들여 예수 전승을 수정하였고 진정한 케리그마와 동일선상에 올려놓음으로써 '복음서' 장르를 만들어 냈다. 만일 예수 전승이 케리그마에 의해 수정되었다고 한다면, 예수 전승이 케리그마를 따르는가의 문제도 중요하지만 케리그마를 위해서도 중요하다는 신학적인 의미를 가지게 된다.

　마가의 역사의 빛 안에서 이러한 예수 전승의 발견은 최근 연구가 주목하게 하는 초기 교회 논쟁의 배경이 되고 있다. 불트만이 우리에게 케리그마를 믿는 것은 우리 자신을 특별한 존재 이해에 투신하는 것이라고 알려주었기 때문에, 우리는 이제 기독론의 발전과 그리스도인의 존재에 대한 상호 관련성에 대한 논의의 장에 서게 되었다. 이 조합을 통해 초기 교회 역사의 의미 있는 단편을 재구성하는 것은 단지 희미하게 감지될 뿐이다. 적어도 고린도전서에서 추론할 수 있는 대로, 고린도 교회에는 세례 받은 사람은 이미 영광 가운데 있고 따라서 모든 유혹과 고통의 굴레 속에 있는 역사적 존재를 뛰어넘게 된다는 초기 영지주의적 존재 이해가 발견된다. 이 견해에 따르면, 부활의 주와 연합할 뿐 지상적 예수와는 연합하지 않는다. 과연 예수는 저주를 받기까지 한다(고전 12:3). 바울은 그의 편지에서 이 땅에서 그리스도인들이 취해야 하는 입장은 케리그마의 십자가적인 '측면'이라고 주장한다. 케리그마는 자신의 십자가를 져야 하는 존재의 이해를 선포한다는 것이다. 우리의 부활은 아직은 아니지만 때를 기다려야 하고 종말에는 반드시 있을 것이다. 이 땅에서의 부활은 역설적이어서 우리의 고난을 통해서 드러난다. 왜냐하면 그 힘이란 유혹과 고난을 참아내는 힘이기 때문이다. 그래서 바울은 예수를 저주하는 것은 거부하였다 하더라도, 역사적 예수보다는 십자가의 측면에서 논의를 진행한 것이다.

만일 고린도전서가 그 목적을 달성하였다면, 이 경우에 바울의 논리는 믿음은 역사적 예수를 요구하지 않는다는 증거로 불트만이 종종 제시했던 분명한 예가 될 수 있다. 그러나 고린도후서에서 반박되는 방랑 전도자들이 새로운 이단 사상을 고린도에 가져왔다는 것을 알면 이야기는 복잡해진다. 이 새로운 이단은 예수를 저주하기보다는 "다른 예수"(고후 11:4)를 설교했고 이 논리에 근거해서 자신들을 "그리스도의 소유"(고후 10:7)라고 하였다. 만일 예수의 우월성에 근거해서 사도적 우월성을 주장했다면, 그것은 예수를 인상적이고 권세 있으며 기적을 베푸는 하나님의 아들로 보았다는 것을 의미한다. 이 새로운 이단 사상에서 많은 부분의 존재 이해가 이전에 고린도에서 하늘에 계신 주님과의 연합을 주장했던 때와 비슷한 발전을 보게 된다. 다만 하늘의 주님이 아니라 예수 전승으로 대상만 바꾸었을 뿐이다. 바울서신의 성도들에게, 이러한 예수 전승의 침투는 바울의 "눈물어린 편지"(고후 10-13장)의 폭력적인 태도나 디도 편에 편지(고후 2:12-13; 7:5)를 보내면서 보인 근심을 통해서 알 수 있듯이 모든 것을 쓸어버릴 만한 위협이었던 것 같다. 불트만이 자주 지적한 대로 바울이 육체를 따라 그리스도를 아는 것에 대하여 했던 극적인 진술은 바로 이러한 상황에서 비롯된 것이다(고후 5:16). 바울은 이러한 예수의 육적 이해와 그 결과로 얻은 존재 이해 모두를 반대하며, 고린도전서에서 주장했던 케리그마 속의 존재 이해를 고린도후서에서도 기록한다.

예수 전승에 기대지 않고 순전히 케리그마만을 사용하여 바울이 '최고의 사도'에 대항하여 고린도에서의 자신의 입지를 공고히 할 수 있었으나 지속적으로 예수 전승이 회람될 때는 그 입지를 유지하기 어려웠다. 그래서 마가에 이르러서는 바울에게 가능했던 것들이 더 이상 불가능하게 되었고 마가는 '하나님의 아들' 예수 전승을 접해야 했다. 그의 해답이 바로 콘첼만의 해석대로 메시아 비밀이었다. 결국 메시아 비밀로 귀착된 마가의 문제는 비메시아 전승에 메시아 칭호를 부여한 것이 아니라, 하나님의 아들 예수 전승에 기독교 존재의 역설인 십자가의 신학을 포개어 놓은 것이다.

따라서 불트만이 역사적 예수의 불필요성을 주장하기 위해서 거론한 바울과 요한은 오직 특정한 경우에만 설득력을 가지며 대부분은 아니다. 어떤 존재 이해를 바탕으로 천상의 주님을 예배하고 나서 예수 존재에 관한 전혀 반대의 내용을 담고 있는 예수 전승과 주님을 동일시하는 것은 불가능하기 때문이다. 한때 그러한 예수 전승이 용인되기도 했으나 그것은 복음이 선포되는 구체적인 상황 속에서였다. (어느 시대를 막론하고 복음은 구체적인 상황 가운데 선포되어야 한다.) 새로운 탐구의 필요성에 관한 문제는 불트만처럼 추상적으로 답을 얻을 수 있는 것이 아니라, 구체적으로 우리가 있는 상황 속에서 답을 얻어야 한다. 그리고 우리의 상황이라는 것은 존재의 규범으로서 케리그마의 수용보다도 영웅 숭배가 더 친숙하다는 것이고, 끊임없이 되풀이되는 예수의 생애가 우리 삶의 한 단면으로 이해되며 예수를 선포하지 못하는 교회는 매우 이상한 위치에 자리매김 한다는 것이다. 우리가 비록 케리그마에 등을 돌리고 예수 운동으로 돌아가지 못하고, 대신 우리 상황에서 케리그마를 선포한다 하더라도 우리는 예수와 동일한 분으로 주님을 선포하는 케리그마를 보완해야만 한다. 우리는 오늘날의 예수 전통에 관한 논의에 비판적으로 참여함으로써 이를 이룰 수 있다. 이 정도까지는 우리의 상황이 바울의 것보다는 공관복음의 작업을 닮아 있다. 불트만이 나에게, 믿음에 있어 역사의 중요성을 강조한 복음서 저자의 관심이 단지 '그것(dass)'—주님이 역사적 인물이었다—을 확인하는 것 이상인지 아닌지를 물었을 때, 나는 답해야 했다. 공관복음서 저자가 처한 상황에서 바울이 했던 대로 단순히 주님이 역사적 인물이라는 것을 반복적으로 들려줌으로써 예배의 대상인 주님의 역사성을 고수할 수는 없었다. 그들의 상황에서는 케리그마와 불트만에게 요긴한 '그것'의 강조는 부활의 복음을 선포함으로써 만들어진 전통을 무시함으로써가 아니라 오직 예수 전승의 차원에서 가능한 것이었다. 공관복음의 저자들은 예수 전승의 올바른 사용과 예수 전승 안에 포함된 비기독교적인 존재 이해를 걷어내고 기독교적인 존재 이해로 대체함으로서 '그것'을 얻을 수 있었다. 이것이 바로 케리그마 텍스트와 다르고 바울과도 다르지만 공관복음의 작업을 정당화하는 배경이고 경향이다. 이러한 배경이 복음서를 정경으로 인정하게 하였고 우리의 상황에서 새로운 탐구의 필요성을 요청하는 것이다.

III

불트만은 이제 다른 방법으로 예수와 케리그마의 관계를 조명하기 시작한다. 알트하우스(Althaus)에 의해 정형화된 첫 번째 접근은 케리그마 안에서 역사적 예수의 조각들을 보려는 것이었다면, 새로운 탐구로 정형화된 두 번째 접근은 예수의 행위와 말씀 속에 함축된 케리그마를 찾는 것이다. 두 번째 접근은 과거를 객관적으로 보려고 하는 전통적인 역사비평적 방법이나 역사와의 실존적 관계 속에서 역사를 이해하려고 하는 방법론적 보완—실존주의적 해석—을 통해서 가능하다. 역사비평적 입장에서는, 예수는 자신을 종말론적 현상으로 이해하였고 그의 메시지와 관련한 결단의 촉구는 초기 교회의 기독론에서 분명하게 나타난 기독론을 함축하고 있다고 말할 수 있다. 이런 식으로 선포자 예수에서 선포된 예수 그리스도로의 역사적 연속성은 이해가 가능하다. 그러나 이러한 연속성의 주장은 예수의 언행과 케리그마 사이의 실질적인 조화에 대한 질문에 답을 주지 못한다. 케리그마가 했던 식으로 이러한 과거의 역사적 현상들에 대한 설명은 오늘날 우리에게 종말론적 자기 이해를 '중재'할 수 없다.

불트만의 제자들이 따랐고 불트만 자신에게도 그럴듯했던 두 번째 대안이 바로 '실존주의적 해석'이었다. 그래서 그는 나의 '방법론적 성찰'과 헬베르트 브라운이 진행한 작업에 대해 찬사를 보내기도 했다. 그러나 일관되게 실존주의적 해석을 견지하지 못했고 결국은 포기했다는 이유로 에른스트 푹스를 비판한다. 왜냐하면 예수의 행위에 가졌던 푹스의 초점이 살짝 빗겨나가 역사-심리주의적 해석으로 전락했고 객관적인 시각을 통해서도 그 행위를 바라볼 수 있다고 생각했기 때문이다. 푹스는 예수의 자기 이해와 결단을 객관성을 추구하는 역사가들이 인지할 수 있는 성질의 것으로 여겼고 예수의 자기 이해를 예수의 자의식이라고 추론하였다. 더욱

이 예수의 비유가 예수의 행위를 변호해 주고 사람들에게 요구했던 결단을 예수 스스로가 시행했다고 하는 푹스의 주장은 예수의 메시지가 함축하고 있는 존재 이해와는 다소 거리가 있는 심리적 관찰이라 여겨졌다. 푹스는 실존주의적 해석이 우리의 존재로 하여금 믿음에 이르게 한다고 주장하기보다, 예수의 믿음과 그의 기도생활을 고찰했다. 예수와 케리그마의 연속성에 관한 논의는 부활 이전에 예수를 따르던 자들이 과연 케리그마에 나오는 믿음을 갖고 있었는가 하는 문제를 야기했다.

푹스의 이 같은 비판과 불트만의 비판 사이에는 독특한 유사점이 있다. 이 비판에 따르면 과거의 독특한 사건의 필요성을 역설했던 불트만의 주장은 케리그마에 함축된 자기 이해와 일치하지 않거나 적어도 불필요한 것이다. 왜냐하면 불트만에게 케리그마가 함축하고 있는 자기 이해는 실질적으로 모두를 위한 유일한 구원 사건에 의존하는 기독교적 존재로서 자신을 이해하는 것이기 때문이다. 그러므로 예수 메시지가 가지고 있는 자기 이해를 연구하는 데 있어서 불트만이 이러한 가능성을 무시하고 푹스의 논지에서 심리학적인 의미만 감지한 것은 어폐가 있다. 푹스는 최근에 예수의 자기 이해라는 용어를 시간 이해라는 용어로 바꿨는데, 이것은 실존주의적 해석과 관계없는 심리학적 견해와 실존주의적 해석과 관계 있는 견해를 구분하기 위함이었다.

불트만은 에벨링과 보른캄, 케제만도 분명하게 실존주의적 해석과 객관적인 시각을 구분하지 못한다는 이유로 비판했다. 한편 그는 실존주의적 해석을 일관되게 사용하는 학자로서 헤르베르트 브라운을 꼽았다. 브라운은 역사적 연속성은 묻지 않고 예수의 선포 속에 나타난 자기 이해와 교회의 선포 속에 나타난 자기 이해 간의 실질적인 일관성을 문제 삼았다. 그 결과 브라운은 예수의 선포와 그리스도에 대한 케리그마의 선포가 실질적인 조화를 이룬다는 것을 보여 주는 데 성공하였다. 불트만은 내가 "실존론적 해석의 필요성을 제기함으로써" 같은 결과를 얻었다고 결론짓는다. 그는 나의 존재 이해에 대한 정형문을 수용하지만, 나의 예수 말씀의 구조 분석에서 그가 바울서신과 요한복음에서 처음으로 찾아낸 신앙하는 존재의 실존주의적 변증법을 예수 안에서 규명하는 데 성공했는지를 묻는다.

나는 이점에서 슈베르트 옥덴에게 감사해야 한다. 사실 불트만이 주목했던 나의 주장은 옥덴의 입장과 실질적으로 같은 것이기 때문이다. 불트만은 옥덴의 주장에 대하여 그는 분명 예수의 메시지가 가지고 있는 실존론적 의미는 염두하고 있으나 그 안에 있는 변증법은 부인한 채 예수의 자의식을 마음에 두고 있다고 지적하였다. 그는 또한 예수는 옛 세대와 새로운 세대에 관하여 시간적인 '틈(betweenness)'을 의식하였다고 결론 내린다. 그러나 예수는 그의 시간적 틈에 대한 메시지가 나의 실존론적 해석처럼 청중을 역설적이고 실질적인 '틈'에 위치시킨다는 사실을 의식하지 못했다. 바울과 요한에 와서야 그것을 의식하였다. 이렇게 '내연(implicit)'과 '외연(explicit)', '자기 이해(self-understanding)'와 '자의식(self-consciousness)' 사이의 구분이 생겨났다. 나의 경우는 예수의 자기 이해가 그의 자의식으로 떠올랐는지에 대한 관심이 아니기 때문에 불트만의 입장과는 실질적인 차이가 없다. 불트만이 새로운 탐구를 비판할 때 참고했던 R. H. 풀러의 논증, 즉 예수보다는 케리그마에서 더 많은 성취가 있었다는 입장은 단지 의식적 차원에서 구분이 될 뿐 실존론적 의미의 차원에서 구분되는 것은 아니다.

그러나 불트만은 예수와 케리그마 사이에는 실질적인 차이가 있다고 덧붙였다. 왜냐하면 케리그마는 존재 이해의 가능성으로서 현재와 미래의 역설을 표현하고 있을 뿐 아니라 예수 그리스도에 대한 믿음을 촉구하기 때문이다. 여기에서 바로 예수의 이해에 관한 불트만과 나의 입장의 차이가 생긴다. 나는 예수의 메시지가 유일회적으로 모든 사람을 위하여 일어난 십자가의 사건과 부활을 증언하는 케리그마의 언급을 함축하고 있다고 했다. 나는 불트만이 편파적으로 논박했으나 한편 옳았던 수난 예고나 메시아 칭호의 사용은 생각하지 않고 오히려 예수의 사역이 세워지는 전제로서 마지막 때의 하나님의 개입을 생각했다. 우리가 예수를 역사적으로 연구해야 하는지에 관한 토론은 어느 정도는 그러한 연구 결과—그것의 신학적 관련성을 지지하는 사람이 아니라 오직 그것을 부인하는 사람을 당황하게 할 필요가 있다는 사실—에 의존하고 있다.

그러나 예수와 케리그마의 실질적인 관계에 관한 논의는 단순히 각각의 존재 이해에 일관성이 있는가에만 국한되지 않는다. 존재 이해와 관련된 '실체'는 인간적인 위상에서가 아니라 한 사람의 존재의 컨텍스트로서 하나님의 행동에 대한 이해이기 때문이다. 역사적 연구를 통해서 현재에 전수될 수 없는 것이 바로 예수의 존재 이해의 '실체'요 '내용'인 하나님의 이와 같은 행동이다. 이렇게 불트만은 비판적인 질문을 던진다.

예수의 종말론적 의식이 그것을 역사적 현상으로 인지한 사람에게 종말론적 자기 이해를 중재하였는가? 그러나 그것이 바로 케리그마가 의도하는 것이고 케리그마가 종말론적인 사건이라고 말하는 것이다(고후 5:18-20). 역사적 현상으로 인지되는 예수의 권세에 대한 언급은 그의 지상 사역 시간 너머까지 미치고 있는가? 역사적 예수의 권면과 확신이 그의 '비중재성(unmediatedness)'을 통해서 후세에 미치고 있는가? 그러나 분명히 케리그마에서 "모든 권세가 내게 주어졌다"고 말한 분은 역사적 예수가 아니라 고양된 그리스도이시다. 케리그마의 그리스도는 소위 역사적 예수를 한편에 세워둔 채 권위를 가지고 모든 청중에게 선포한다. 그렇다면 어떻게 예수의 사역과 말씀 안에 케리그마는 이미 포함되어 있다고 하여 예수의 행동과 케리그마가 같다고 간단히 말할 수 있을까?

이 논의는 적어도 나에게는 불트만이 케리그마라는 단어가 가진 두 가지 의미를 구분하는 데 실패했기 때문에 초래된 것으로 보인다. '케리그마'는 초기 교회 설교의 내용을 의미할 뿐 아니라 그때나 지금이나 설교의 행동 자체를 의미한다. 혹자는 다드가 보편화시킨 영어식 용어로서 케리그마는 주로 초기 교회의 설교를 지칭하는 데 사용된다고 말할지 모르나 불트만은 설교의 행동으로서의 케리그마를 염두하고 있다. 나도 물론 하나님과의 만남은 현대 역사가들의 실존론적 해석을 통해서 일어나는 것이 아니라 오히려 넓은 의미에서 교회의 선포를 접하면서 일어난다는 데는 불트만에게 동의한다. 그러나 교회의 선포 행동과 십자가와 부활의 메시지의 내용을 지칭하는 용어로 같은 단어인 케리그마를 사용한다는 사실은 예수의 메시지의 문제와 현대 설교가의 문제가 다르지 않고 초기 교회의 메시지의 문제가 현대 설교가의 문제와 다르지 않다는 사실을 모호하게 한다. 예를 들어 어떤 역사가가 바울의 케리그마를 재구성한다고 할 때 그것은 그 역사가가 예수를 재구성하는 것만큼이나 케리그마적이지 못하다. 그러나 역사비평적 방법이 등장한 이래로 역사적 케리그마는 절적하고 반드시 필요한 질문의 주제가 되었다. 물론 그것이 사역자의 설교를 대신한 것이 아니라 오히려 더욱 풍성하게 하였다. 예수의 역사적 연구의 적절성을 부인하는 것은 역사비평적이고 실존주의적인 신약성서의 주석을 부인하는 것과 다르다고 할 수는 있다. 신약성서의 역사비평적이고 실존주의적인 해석이 설교의 본질(esse)이 될 수 없고 설교를 도와주는 역할(bene esse)을 한다고 말하는 것처럼, 예수의 역사적 연구는 설교에 본질(esse)일 수 없고 도와주는 역할(bene esse)을 한다고 말할 수 있을 것이다. 이렇게 역사적 예수의 적절성에 대한 불트만 입장의 기본적 논박은 만약 끝까지 밀어 붙인다면 너무 많은 것을 증명하게 될 것이다. 이것은 일반적으로 교회를 위한 역할을 감당하는 성서의 학문적 연구와 역사적 연구의 종말을 고

하게 될 것이며, 궁극적으로는 교회를 위한 성서적이고 역사적인 연구의 타당성은 위협받을 것이고 결국 교회가 논쟁점을 결론짓는 것이 아니라 우리의 동의에 따라 결정될 것이다.

제8장 알베르트 슈바이처의 역사적 예수 탐구

A. 슈바이처의 업적의 본질

　예수 그리스도를 믿는 것과 달리 역사의 예수를 찾는 것은 현대의 현상이다. 그것은 계몽주의와 함께 시작해서 18세기 끝을 향해 나아가다가 19세기 내내 비평적 신학을 지배하였다. 20세기의 역사적 예수 논의는 19세기 주류 신학과의 논쟁이다. 그러나 그 시기의 방대한 양의 저술을 읽은 사람은 거의 없다. 우리 세기의 가장 위대한 인물 가운데 한 명이 그 시기의 연구를 분석한 고전을 우리에게 선사했다는 것은 분명히 행운이 아닐 수 없다. 그 고전의 연구는 이 책이 관심 갖는 논의에 참여하기 위해서 필수적으로 거쳐야 하는 작업이다. 이제 우리는 난립한 논쟁점에 초점을 부여하기 위해 기술된 슈바이처의 명저에 대한 비판적 분석을 제시할 것이다.

　슈바이처의 책의 독일어 제목은 『라이마루스에서 브레데까지: 예수의 생애에 관한 연구의 역사 *From Reimuarus to Wrede: A History of Research on the Life of Jesus*』였다. 제목이 말해 주듯이 이 책은 당면한 문제에 관하여 일정 기간 동안 연구된 결과에 대한 학문적인 보고서의 성격을 지닌다. 이런 성격의 글을 읽는 것은 이런 작업에 능통한 「신학 전망

Theolgische Rundschau」이나 「철학 전망 *Philosophische Rundschau*」과 같은 저널을 읽는 것만큼이나 고된 작업이 아닐 수 없다. 아마도 슈바이처가 실현한 이 장르의 잠재성을 능가할 만한 사람은 아무도 없을 것이다. 혹자는 칼 바르트의 『개신교 사상: 루소에서 리츨까지 *Protestant Thought: From Rousseua to Ritschl*』를 거론할지도 모르겠다.

　이러한 장르의 글에 담긴 창조적인 잠재성의 특징을 언급한 글을 보도록 하자. "어떤 문제의 역사를 제시하기 위한 목적에 부합하기 위해 그러한 글은 실제로 그 문제의 구조 속에 주어진 가능성을 가장 결정적으로 실현한 신학의 역사 속의 현상들에만 집중한다"(Christian Hartlich와 Water Sachs). 역사적 예수 연구에 깊이 관여한 슈바이처 스스로가 문제의 구조와 가능성들이 연구사에 있어 부각될 때 처음으로 파악한 사람이다. 그는 필수적으로 연구가 거쳐야 할 과정으로 이 구조를 세 가지 기본적인 양자택일의 결정의 차원에서 요약하고 있다. "스트라우스가 첫 번째 구조를 제안했다. 그는 순수하게 역사적인지 혹은 초자연적인지를 물었다. 두 번째 구조는 튀빙엔 학파와 홀츠만에 의해 제시되었는데 공관복음적인지 혹은 요한적인지에 관한 질문이다. 마지막으로 우리가 씨름하는 종말론적인지 종말론적이지 않은지에 관한 구조이다." 이것이 역사적 예수 탐구의 정수이다..

　물론 그의 책은 그리 중요하지 않은 오류와 생략이 있다. 그리고 그것을 보완할 수 있는 이 분야의 다른 책과 최근의 연구가 있다. 그러나 그것들을 읽는다면 슈바이처가 그렇게 많은 글을 읽으며 작업했음에도 불구하고 흐트러짐 없는 일관성을 가졌다는 사실에 놀랄 것이다. 그가 작업한 몇몇의 책들은 수천 페이지에 달한다. 그러나 그러한 집중력을 가지고 작업한 결과 실제로 일어난 것과 문제의 본질에 가장 가까운 것을 수면 위로 부각시키는 논문을 선보일 수 있었다. 이 연구에 있어서 뚜렷한 지향점 없이 헤매던 많은 논문들과 차별화되는 진보를 거둔 결정들을 하기란 쉽지 않다. 슈바이처는 역사적 예수 연구에 있어서 뚜렷한 진보를 가져온 결단에 기초하여 세 시기를 구별하는데 1830년대와 1860년대 1890년대가 그것이다. 그는 우리로 하여금 연구사의 내적 생명력을 이룬 결정에 참여하게 한다. 오늘날 우리가 이 역사를 재미있는 배경사적 지식이 아닌 우리가 역사적 예수의 문제를 다루어야 한다는 지적 요구를 불러일으키는 대상으로 만날 수 있는 것은 모두 그의 공이라 할 수 있다. 이제 다루어야 하는 것이 바로 이러한 지적 요구이다.

B. 19세기 연구의 양자택일(either/or)의 결정

확실히 첫 번째 선택은 기묘하게 만들어졌다. "순수하게 역사적인지 혹은 초자연적인지." 슈바이처는 스트라우스를 평하면서 그가 전 세대에 풍미했던 반제들을 극복하고 새로운 것을 전면에 내세웠다고 강조했다. "예수의 생애 사건들의 초자연적인 설명에는 합리적(역사적)인 설명이 뒤따랐다. 그것은 모든 것을 초자연적으로 해석했던 전 세대만큼이나 주제 넘는 것이었다. 왜냐하면 이해 가능한 모든 것은 자연적이라고 결론짓기 때문이다. 자신들이 할 말은 모두 한 것이다. 이 둘 사이의 마찰이 새로운 대안을 끌어냈는데 그것이 신화적 해석이다." 그러나 갈등에서 비롯된 새로운 대안의 출현은 과거의 대안들 사이에서 선택의 문제로 논의해서는 분명해질 수는 없는 노릇이었다. 문제의 구조는 종종 양자택일보다는 창조적인 '변증법'으로 언급되면서 한층 복잡해진다. 사실 슈바이처는 여기에서 그의 양자택일의 기본적 논제를 헤겔적인 종합의 패턴으로 대체했다. "헤겔의 방법론에 따르면 신화적 해석은 초자연적 설명이 제시하는 정

(thesis)과 합리주의적 해석이 제시하는 반(antithesis)의 종합(synthesis)이다."

어쨌든, 스트라우스가 주창한 신화적 입장은 헤겔의 철학으로 확증될 수는 없었다. 오히려 슈바이처가 그를 인용한 대로 "결정은 확실하게 역사비평에 맡겨야 한다." 슈바이처는 많은 사람들이 그러하듯이 스트라우스를 단순히 헤겔주의자로 이해했다. 스트라우스의 진정한 출발점으로서 그가 '신화학파(Mythical School)'임을 천명한 처음 연구가 앞에서 말했던 『현대 성서 연구의 신화 개념의 기원 The Origin of the Concept of Myth in Modern Biblical Research』을 고찰한 1952년 연구였다. 옥스퍼드 교수이자 18세기 영국 국교회의 사제였던 로버트 로스(Robert Lowth)는 괴팅엔 고전학자인 하이네(C. G. Heyne)가 신화적 대화(sermo mythicus)로 해석한 신화를 비유 양식(stilus parabolicus)으로 이해했다. '신화학파'가 성서 연구에 적용한 것이 바로 이러한 신화적인 것에 대한 이해이다. 18세기 말에 인류 초기의 역사적인 표현의 한 형태로 신화를 이해하면서 신화적인 범주를 사용한 성서학자가 바로 아이히호른(J. G. Eichhorn)과 가블러(J. P. Gabler)였다. 드 베테(W. M. L. de Wette)와 그 후에 스트라우스는 일반적으로 종교적인 감정을 표현하는 한 형태로 신화를 이해하는 종교철학적인 범주를 사용하였다. 바로 이런 컨텍스트에서 우리는 스트라우스가 예수의 생애에 적용했던 '역사비평'을 이해하게 된다. 그의 비평의 즉각적인 결과와 놀라운 취지를 알게 되는 것도 이런 식으로 가능한 것이다. "최소한 텍스트의 언어를 존경한다는 차원에서 초자연적인 해석은 전방위에서 무자비하게 폭로하는 은밀한 작업인 합리주의적 해석보다는 훨씬 낫다."

슈바이처는 "오늘날 연구가 진행될 토양은 이미 준비되었다"고 말한다. 혹자는 그가 이미 초자연적인 것(기적으로 이해되는 것이 아니라 비현실적이거나 광신주의적으로 이해되는 것)이 역사적이라고 천명할 수 있는 자신만의 해답을 가지고 있다고 생각할 수도 있다. 그러한 종합적인 입장은 과연 선택의 문제가 아니라 변증법적인 발전 속에서 종합으로 간주되는 스트라우스의 입장과 부합하는 것같이 보인다. 그러나 그 종합은 두 경우에서 똑같지는 않다. 스트라우스의 경우에는 초자연적인 역사성을 거부하는 합리주의와 텍스트를 신화적으로 읽음으로써 텍스트의 초자연주의적 성격을 강조하는 초자연주의적 확신 사이의 종합인데 비하여, 슈바이처의 경우에는 기적적이지 않은 내러티브의 역사성을 주장하는 합리주의적 입장과 예수의 특별한 역사의 종말론적 설명의 결과로서 인간의 정상적인 실용주의와 심리학으로 주어진 텍스트를 설명하는 것은 불가능하다는 초자연주의적 입장 사이의 종합이다. 그래서 슈바이처가 주장하는 대로 자신의 입장과 스트라우스의 입장의 연속성의 본질을 분석하면 그들이 실제로 논쟁의 양극단에 서 있음을 알게 된다. 그것은 논제를 변증법의 종합적 차원에서 논의할 때든 혹은 슈바이처의 기본적 체계가 요구하는 양자택일의 관점에서 논할 때든 마찬가지이다. 슈바이처는 '신화 혹은 역사'라는 도식을 사용한다. 전통적인 정설의 초자연주의가 그런 식으로 신화학파에 의해 야기된 신화의 개념으로 대치될 때 스트라우스의 입장은 슈바이처의 입장에 대한 실제적인 대안으로 떠올랐다. 그래서 슈바이처는 자기 생애 동안 초자연적이고 더욱 정확하게 말하면 신화적이라고 내렸던 평가에 따른 1830년대의 결정을 모호하게 만들었다. "스트라우스의 『예수의 생애 *Life of Jesus*』는 현대 신학에 있어서 당대의 것들과는 사뭇 다르다. 그들에게 기적에 대한 역사적 신앙을 일소하고 신화적 해석을 확증시킨 것이 바로 그의 책이다. 그러나 신화 위에 세워진 역사적 인격은 순수하게 종말론적인 사상계에서 살다간 유대 메시아이기 때문에 우리는 그 안에서 또한 역사적으로 긍정적인 것들을 발견한다. 스트라우스는 유지될 수 없는 대안들의 파괴자일 뿐 아니라 오는 세대의 학자들의 예언자이기도 하다."

이 진술이 사실이라 하더라도, 역사적 예수 탐구에 있어 양자택일의 결정에서 나온 더욱 직접적인 언급은 슈바이처 자신의 입장에서가 아니라 오히려 그의 라이벌인 브레데의 입장에서이다. 슈바이처의 시대에는 이것이 지금 우리가 회상하며 느끼는 것처럼 분명하지는 않았다. 이교적 신화의 회상이 신화를 모호하게 둘러싸서 생긴 신화라는 용어 자체에 대한 거북스러움은 스트라우스 시대에 '주된 장애물'일 뿐 아니라 슈바이처의 시대에도 장애물이었다. 슈바이처가 독일어 제2판에 추가한 "예수의 역사성에 대한 최근의 논쟁"과 "예수의 역사성 논의"라는 장을 보면 더욱 분명해진다. '신화'는 함축적 의미를 무시한 역사성에 관한 회의주의를 의미한다. 이런 관점에서 슈바이처 자신은 스트라우스의 양자택일의 입장을 수용할 수 없었다. 그래서 그는 스트라우스가 (비역사적인) 신화로 치부하지만 자신은 (역사적) 묵시주의라고 생각했던 이전 용어인 '초자연주의'로 회귀했다. 그러나 그때 슈바이처는 네 번째 양자택일을 추가하는데 그것을 통해서 스트라우스의 신화적 대안의 부산물인 역사적 회의주의를 극복한다. 슈바이처는 스트라우스의 대안의 최종적인 결과를 얻는 데 공헌하면서 효과적으로 스트라우스를 논박하였다.

두 번째 택일은 "공관복음적인가 요한적인가?" 하는 것이다. 물론 스트라우스와의 논쟁에서는 잘 파악되지 않지만 자료에 관한 논의는 이미 첫번째 선택에 함축되어 있다. "위기에 처한 것을 이해한 유일한 사람은 (근본주의자) 헹스텐버그(Hengstenberg)였다. 그 혼자만이 처음에는 구약성서에서, 후에는 공관복음—어떤 이유에서인지 처음 세 복음서는 포기하고 오직 요한복음만을 견지하고자 했다—의 유년기와 부활 이야기 속에서 신화적인 요소를 인식한 학문적인 신학이 함축하는 바가 이 마지막 보루에서 스트라우스가 씨름했던 것이라는 사실을 보았다." 자료에 관한 질문에 주어진 새로운 해답이 마태와 누가가 공유한 전통은 그들이 사용한 비교적 오래되고 신뢰할 만한 두 자료에 기인한다고 하는 두 자료설이었다. 그 두 자료란 마가복음과 오늘날 Q라고 불리는 말씀 모음집이다. 이 이론은 (확실히 마가복음과 Q에서 빠진 유아기와 부활의 이야기가 없는) 공관복음으로부터 만들어진 예수의 생애를 위한 믿을 만한 근거를 제공하는 것 같았기 때문에, 스트라우스로부터의 해방으로 간주되었다. 이렇게 향상된 공관복음의 이해는 요한복음의 영지주의적 배경에 주목했던 튀빙엔 학파에게는 환영할 만한 일이었다. 그 결과 요한복음은 역사적 자료로서의 가치를 잃게 되었다.

그때 이후로 요한복음은 역사적 예수 탐구에서 그다지 중요하게 다루어지지 않았다. 슈바이처의 가치절하에 대해서 불트만이 신학적으로 요한복음의 위상을 정립하기는 했지만, 여전히 요한복음은 소홀히 취급되었다. 불트만은 또한 19세기의 요한복음 연구에서 유행했던 과도한 역사적 회의주의의 일부 근거들을 영지주의 시대를 더 이전으로 상정하고 요한복음의 연대가 그 이후이며 요한복음 배후에 기적 전승이 존재한다는 가설을 통해서 수정하였다. 그러한 수정에도 불구하고 역사적 예수의 메시지 복원은 여전히 공관복음에 의존했고 두 자료설에 근거했다. 공관복음 문제에 관한 이 대안은 종종 나타난 이에 대한 공격들의 부정확성을 통해 더욱 확고해졌다. 문학비평으로 확보된 이 대안의 타당성은 그것에서 취한 역사적 추론이 무효가 되어도 감소하지 않았다. 종종 언급되는 역사적 근접성과 마가의 유연한 보도들은 브레데와 슈바이처에 의해서 단순히 마가 텍스트를 현대적으로 읽은 결과임이 밝혀졌다. 이와 같은 문학적 대안은 교리적 구성이 마가복음을 형성하는 요소였다는 사실의 발견에 영향 받지 않았다. 또한 이전에 신빙성 있는 것으로 보이던 마가의 사건 순서가 사실은 역사적 순서가 아니라는 칼 루드비히 슈미트의 지적에도 흔들리지 않았고, Q는 신학적 관심에서 자유롭다는 초기의 가설을 무효화시키는 문학 장르로서 Q의 연구로도 흔들리지 않았다. 그러한 수정들은 부분적으로 공관복음과 요한복음의 구분을 상대화하였고 또한 그 구분을 더욱 정확하게 정의하였으며 좀더 온건한 차원에서 그것을 확증하였다. 슈바이처의 두 번째 선택이 전적으로 확인되는 것이 이런 정황에서이다.

그러나 슈바이처는 그의 결론을 위해서 두 자료설을 어떻게 이용해야 할지를 몰랐다. 마가 우선설은 그가 공유하지 않은 현대의 신학적 관심, 즉 심리적으로 이해할 만하고 합리적인 예수의 생애를 구성하려는 관심과 연결되어 있었다. 이것은 오직 예수의 종말론적 사상에서 영적인 의미를 제거함으로써만 이룰 수 있는 것이다. 슈바이처가 "세기 말까지 종말론에 반대하는 지리멸렬한 논쟁"을 수행한 것은 다름 아닌 이 연결의 주창자들이고, 그 결과 "마가 우선설은 거의 상상할 수 없을 정도로 역사적 예수 탐구를 방해하였다"고 한 것은 분명히 옳다. 그래서 그는 "마가복음 안에 있는 적은 분량의 말씀 자료는 문학적으로 종말론의 부재를 설명하기에는 역부족"이라고 결론지었다. 독일어 제6판의 서문에서 이 결론은 보다 긍정적으로 표현되고 있다. "이해의 열쇠는 마가복음에서 발견한 것 이상으로 자료를 제공하는 마태복음이 가지고 있다."

여기에서 슈바이처가 Q를 참고하지 않는 이유를 묻는다면, 두 가지 이유를 들 수 있다. 그에게 있어 중요한 임박한 종말에 관한 말씀은 오직 마태복음의 자료에서만 발견되고, 누가복음에는 없기 때문에 Q의 자료로 생각할 수 없다는 것이다. 더욱이 슈바이처의 주장은 "예수의 생애 기간의 사건의 관계"에 근거한다. Q는 서로 연결되지 않은 개별적인 말씀이기 때문에 이것을 제공하지 못한다. 마태복음의 순서가 역사적 연결의 근거로 마가의 것보다 개연성이 있다면, 마태복음을 마가의 틀에 종말론적 말씀을 더하여 만든 이차적 편집의 산물이라고 보기는 어렵다. 예를 들어 슈바이처에게는 예수의 공적 사역의 중요한 전환점은 마태복음 10장 23절의 종말에 관한 예언이 성취되지 못했고 그 결과 제자들과 함께 북쪽으로 물러났다는 데 있다. 그러나 이 중요 구절이 마가복음에는 생략되어 있다. "이해할 수 있는 핵심적인 사실이 이 복음서에는 생략되어 있다." 그러나 그것은 누가복음에서도 생략되었고 따라서 Q에서도 빠졌을 것이라고 추측할 수 있다. 이렇게 마태복음을 마가복음과 Q 그리고 구두 전승을 참고한 이차적 편집이 아니라 역사적 순서의 원 기록을 담지한 복음서로 간주할 필요성이 있다. "사람들이 적당한 위치에 흩어놓을 수 있다고 믿는 마태의 말씀 자료 가운데 바로 숨겨진 사실들이 존재하며 그것은 이루어지지 않았기 때문에 더욱 중요한 것이다." 그래서 슈바이처는 다소 애매하게 "두 개의 오래된 공관복음"에 대하여 말하곤 하였다. 사실 독일어 제6판의 서문은 슈바이처가 자신의 결론을 위해서 두 자료설을 사용할 수 없었다는 것을 분명히 했다. 이 가설이 두 번째 택일을 결정하는 타당한 근거로서 그의 스승인 하인리히 홀츠만에 의해서 확립되었다는 사실 때문에 슈바이처의 이러한 논리는 더욱 이상하게 생각되었다. 이런 이유로 슈바이처의 결론은 자료에 관한 문제에 있어서는 퇴행의 결과를 낳았다. 이것이 의심할 여지없이 슈바이처의 입장을 비판하는 학자들에게 받아들여지지 않은 이유 가운데 하나였다. 이미 슈바이처의 영어 고문인 버킷(F. C. Bukitt)은 1910년의 영미판 서문에서 이같이 밝히고 있다. "그는 그 문제들에 대한 자신의 해답을 가지고 있고, 영미권 학생들이 그의 독일 동료학자들이 한 것 이상으로 복음서 역사에 관한 그의 전체 입장을 수용할 것이라고 기대하기는 어렵다."

세 번째 택일은 "종말론적인가 혹은 비종말론적인가?" 하는 선택이다. 이 논제는 슈바이처에게 라이마루스에서 브레데까지의 연구사를 개괄하면서 염두에 두었던 주된 가치 척도였다. 여기에 바로 이 책의 일방성이 있으며 동시에 가장 중요한 업적이 있다. 그는 역사적 예수 탐구가 유대 종말론을 "영적으로 만들었고(*spiritualized*)" 그것을 우리의 종교적 이상으로 적용시켰다는 사실을 지적했다. 그리고 "가정 속의 역사적 예수는 순수한 역사적 인물이 아니라 오히려 역사에 인위적으로 투영된 재구성일 뿐이다"라고 결론지었다. 요하네스 바이스가 종말론적인 논제를 단지 악몽으로 치부해 버리는 신학으로 잘못 읽혀지기 쉬운 1900년 출판물인『예수의 하나님 나라 선포 *Jesus' Proclamation of the Kingdom of God*』의 제2판에서 "종말론적 관점의 약화"를 도모한 데 비해서, 슈바이처는 1906년에 출판한 그의 책에서 이 문제를 피할 수 없는 방식으로 확실하게 다루었다. 이런 이유로 20세기의 신학은 바이스에게서가 아니라 슈바이처에게서 출발점을 찾는다.

슈바이처는 네 번째 택일을 덧붙였는데 그것은 다른 세 가지의 영향력만큼이나 그의 놀라운 연구 보고에 영향을 미쳤다. "연구자는 브루노 바우어(Bruno Bauer)가 그랬던 것처럼 매우 회의적이고 마가복음에 있는 보도된 모든 사실들과 연결들에 대하여 이의를 제기하거나, 만일 마가복음에 근거하여 역사적인 예수의 생애를 구성하기를 제안한다면 모든 자료를 통해서 어떠한 연결이 존재한다는 관점에서 복음서 전체를 역사적으로 인식해야만 한다. 후자에 있어 연구자는 군중을 먹이시는 사건이나 변화산에서의 사건과 같은 개별적 보도들이 어떤 이유로 초자연적인 빛으로 젖게 되었는지 설명해야 하고 근저에 있는 역사적 근거가 무엇인지 설명해야 한다. 마가복음에 있어 자연적인 것과 부자연스러운 것의 구분은 마가에게 있어 초자연적인 것이 역사에 속하기 때문에 자의적일 수밖에 없다." 여기서 슈바이처는 실제로 논의의 장에서 멀어진 브루노 바우어보다는 예수의 생애를 그린 자기의 작품『메시아 비밀과 수난 비밀 *The Messianic and Suffering Secret*』과 동시대에 거의 같은 제목으로 출판된『메시아 비밀 *The Messianic*

Secret』의 저자인 브레데와 논쟁한다. 물론 이 논쟁에서 슈바이처는 종말
론적 논의를 위해서 마태복음에 의존하기가 어려웠다. 왜냐하면 브레데가
"메시아 비밀이 마가복음에서 중요했던 것만큼 마태복음에서는 중요한 관
심이 아니라는 것"을 설득력 있게 보여 줬기 때문이다. 그래서 그 비밀이
역사적인 것으로 간주된다면 마가의 보도는 역사적이라는 사실을 보여 주
어야만 한다.

오늘날 이 논쟁에 관하여 어떤 입장을 취하고 있는가? 에두아르트 슈바이
처(Eduard Schweizer)는 "마가복음에 있어 메시아 비밀의 문제에 관하여"
라는 글에서 그 질문의 현재 상황을 이렇게 요약하고 있다. "이미 1901년에
브레데는 메시아 비밀이 마가의 편집상의 구조이고 예수의 생애가 아니라
교리의 역사에 속한다는 것을 보여 주었다. 누구도 그 결론을 뒤집을 수는
없다." 브레데와 슈바이처가 거의 동시에 발견한 마가복음 안에서의 '비
연결성(unconnectedness)'은 많은 경우에 슈바이처의 제안대로 예수의 종
말론적 의식으로부터 온 것이 아니다. 더욱이 마가의 편집 성향에 근거해
서 브레데의 설명을 논박하기 위한 노력은 종종 설득력이 없었다. 다른 데
서 슈바이처는 "두 개의 오래된 공관복음이 실제 역사를 전달한다"는 논
지에 관해 그 스스로 "극단적인 한계를 향하여 나아갔고 주류 신학에서 거
부한 구절들을 다시 생각해 보아야 한다"고 결론지었다. 이런 이유로 오늘
날 보수 신학계에서도 인정하지 않는 것들을 역사적이라고 인정하는 슈바
이처의 주장을 종종 만날 수 있다. 사실 누구도 "마가복음에 기초해서 역
사적인 예수의 생애를 세울 수는 없다."

물론 신학적으로 다루기 힘든 문제들을 피하기 위해 손쉬운 방법으로 불
확실성의 논리가 전개되는 시점에 슈바이처가 책을 쓴 것은 사실이다. "그
러나 순수한 종말론을 사수하기 위해서 손과 발과 눈을 희생해야 한다고
생각한다면, 과연 주류 신학에서 복음서 가운데 역사적이라고 평가되는

것이 무엇이 있겠는가?" 슈바이처가 복음서의 역사성에 대한 자신감을 더하기 위해서 예수 메시지의 종말론적 본성에 대한 최종적인 수용을 기대했던 것은 놀라운 일이 아니다. "일반적으로 말하면, 예수의 가르침과 행동의 종말론적 본성에 대하여 더 많은 지식을 얻을수록 복음서 전통의 정당화도 더욱 진행된다. 의미 없이 현대 신학의 관점에서 이루어졌다는 이유로 위험에 처한 많은 부분들은 전통의 규범으로 받아들여졌고 이제야 안심할 수 있게 되었다." 브레데는 예수의 메시지를 종말론적으로 이해하는 데까지는 나아가지 못했다. 바로 이 점에서 슈바이처는 그보다 앞선 학자였다. 그러나 슈바이처는 실제로 브레데가 마가복음의 메시아 비밀을 예수에게 가진 생각에서 도출한 것이 아니라는 것을 인식하는 현대적 조망을 결여하고 있다. 브레데의 편집적인 설명은 19세기의 끝자락에 위치하는 것이 아니라 오히려 20세기 초반이라고 하겠다. 그는 오늘날 우리가 편집비평이라고 하는 것과 씨름했던 것이다. 그러나 슈바이처는 무비판적으로 마가복음의 메시아 비밀이 역사적인가에 대한 택일을 종말론에 관한 택일과는 별개로 생각하였다. "단번에, 거칠고 연결 고리가 없으며 심지어 모순적이기까지 한 마가의 보도를 역사의 자리에 올려놓을 수 있는 종말론적 해답과 교리적이고 다소 이교적인 요소를 초기 복음서 저자가 예수에 관한 전통에 첨가한 것으로 이해하고, 역사적 예수의 생애에서 그의 메시아 칭호를 제거하는 문학적 해답이 있을 수 있다. 제3의 길은 없다 (Tertium non datur)." 슈바이처가 부인했던 세 번째 입장은 이렇게 가시화되었다. 그것은 상호 관련이 있는 두 문제가 슈바이처의 생각대로 직접적으로 서로를 조건지우지 않는다는 사실에서 비롯된 것이다. 두 문제를 동일시했던 것은 자연스럽게 보다 세심한 구분이 필요하다는 입장으로 대체되었다. 우리가 이 문제의 역사 속에서 분명하게 보이는 역설을 이해할 수 있으려면 이것을 인식해야 한다. 브레데가 마가의 신학으로부터 메시아 비밀을 도출했을 때 그것은 문학비평적 과제로서 옳았다. 슈바이처가 예수의 사역의 종말론적 성격을 확신하는 것도 역사비평적 과제 차원에서는 옳았다.

C. 철저한 종말론 지지자들

슈바이처는 '요하네스 바이스와 그의 추종자들'로 이루어진 '종말론학파(Eschatological School)'와 자신의 '철저한 종말론(Thoroughgoing Eschatology)'을 구분하였다. "그들은 새롭게 얻은 통찰인 예수의 공적 사역의 전체와 사건들의 연결과 비연결의 차원이 아니라, 예수의 설교에만 종말론을 연결시킨다. 예수의 하나님 나라 설교의 종말론에 집중하는 종말론 학파가 예수의 역사 속에 있는 교리적 요소는 관심 갖지 않는 것은 납득이 가질 않는다." 슈바이처에게는 정말 중요한 문제가 아닐 수 없었다. "결정은 예수의 가르침에 국한되는 것이 아니라, 오히려 예수의 생애 전반에 대한 연구를 통해서 가능하다." 그러나 바이스의 연구에서 납득하기 어려워 보이던 설명은 슈바이처 스스로가 바이스와 초기 종말론자들을 구별할 때 인식했던 바였다. "바이스는 그것을 과학적으로 확실한 방법으로 표현한다." 슈바이처가 "두 개의 오래된 공관복음"이 있다는 전제 하에 바이스의 주장에 추가해야 할 부분이 있다고 느낀 것은 과학적으로 부정할 수 있는 부분이 있었다. 브레데의 영향 아래 있던 20세기의 신약학자들은 그것을 제거해야만 했다. 우리 시대에는 마가가 제안한 개별적 이야기들에 시간적 순서가 있다는 논의에 열의를 올리고 있다. 그러나 다드에 의한 이같은 시도가 곧 나인햄(D. E. Nineham)에 의해서 지속될 수 없음이 밝혀졌다.

그럼에도 불구하고 ‘철저한 종말론’은 하나의 학파를 형성하였다. 그것을 발견한 사람이나 그의 저술이 너무도 인상적이기 때문이다. 그 책은 가설을 논증하는 데 집요함을 보여 주었고, 또한 슈바이처가 자세하게 연구하지 못한 부분에 대한 많은 논제들을 제안하기도 했다. 예를 들어 “지금은 마가복음에 바울이 영향을 미쳤다고 주장하는 대신, 그 주장의 증거들이 제시되어야 하는 적기이다. 마가복음이 정말로 바울주의자로부터 왔다고 하면 마가는 어떻게 생각할까?” 베른 대학의 시간 강사였던 마르틴 베르너(Martin Werner)는 아더 드루즈(Arthur Drews)의 『예수의 역사성을 부정하는 증거로서의 마가복음 The Gospel of Mark as a Witness against the Historicity of Jesus』에 영감을 받아 1923년에 “슈바이처에게 감사와 존경을 표하며 헌정한”『마가복음에 미친 바울 신학의 영향 The Influence of Pauline Theology in the Gospel of Mark』을 출판하여 마가복음이 바울 신학과는 무관하다는 슈바이처의 가설을 확증하려 했다. 그러나 철저한 종말론 학파의 이러한 시도가 궁극적으로 마가복음을 하나의 객관적인 역사적 보도로 확증하지는 못했다. 메시아 비밀은 여전히 마가 신학의 창작으로 남아 있다.

　　슈바이처의 논제 가운데 또한 발전한 것이 재림(parousia)의 지연에 관한 최근의 논의이다. 슈바이처는 이렇게 지적하였다. “현재에 이르기까지 기독교 전체의 역사―실제적인 내부의 역사―는 ‘재림의 지연’에 기초하고 있다. 다시 말하면 그것이 일어나지 않았다는 사실로 종말론을 포기하고 그 결과 종교가 종말론에서 벗어나려 하고 있다.” 현대 신학을 평가하기 위한 비판적 규범으로서『역사적 예수 탐구 The Quest of the Historical Jesus』의 타당성은 마르틴 베르너가 1924년에 쓴『칼 바르트와 슈바이처에 나타난 이데올로기 문제 The Ideological Problem in Karl Barth and Albert Schweitzer』에서도 지적하였다. 베르너의 제자인 프리츠 부리도 이를 받아들여 1935년에 『최근 개신교 신학에서 신약성서의 종말론의 가지는 의미 *The Significance of New Testament Eschatology for Recent Protestant Theology: An Attempt to Clarify the Problem of Eschatology and to Achieve a New Understanding of its Real Concern*』에 관한 글을 썼다. 서문에서 부리는 그의 출발점을 제시하며 이렇게 말한다. "신학은 이상하게도 침묵하고 있다. 수년 전에 슈바이처가 제시한 재림의 지연 문제와 그로부터 필연적으로 불거진 탈종말론화(de-eschatologizing)에 대한 논의에 대하여 거의 기이하게 침묵하고 있다."

신학은 입을 다문 채로 오래 있지는 않았다. 제2차 세계대전 동안 독일어권 신학은 스위스에 제한되었는데, 그곳에서 이 문제에 관하여 베른과 바젤 대학 간에, 스위스 교회의 '자유사상(free-thinking)'파와 '긍정주의(positive)'파 사이에, 철저한 종말론과 구속사 사이에 뜨거운 논쟁이 있었다. 이 열띤 논쟁은 1941년에 루돌프 불트만이 제안한 비신화화가 알려지기 시작하면서 돌파구를 찾았고 전후 시기에 비로소 재림 지연의 문제를 적절하게 조망할 수 있었다. 그것은 기독교의 실존적인 의미에 영향을 미치는 실제적인 문제가 아니라, 초기 교회가 사상의 전달 수단으로 사용한 유대 묵시주의 이야기의 연결 안에 있는 문제였다.

철저한 종말론 학파는 신약학자들에게 점점 기이하게 비쳐지기는 했지만 최근까지 왕성한 연구 활동을 했다. 역사적 예수 탐구의 재개를 주장한 그들의 입장 때문에, 베르너의 1960년 논문 "예수의 역사적 인격은 우리에게 어떤 의미를 갖는가?"를 참고할 필요가 있다. 그러나 이 논문은 거의 주목받지 못했다.

D. 슈바이처의 연구로 비롯된 강한 자극

칼 바르트가 슐라이에르마허를 평가한 것은 알베르트 슈바이처에게도 해당된다. 그의 중요성은 학파를 형성했다는 것보다는 한 시대를 선도했다는 사실이다. 『역사적 예수 탐구』가 출판되었을 때, 예수와 초기 교회 메시지의 종말론적 성향은 현대 신학을 당황스럽게 했다. 제1차 세계대전 후의 신학은 문화적 낙관주의를 버리고 보다 종말론적으로 기울어졌고(서구의 몰락) 슈바이처의 발견은 새로운 존재 이해에 방향성을 제시했다. 프리드리히 고가르텐(Friedrich Gogarten)은 그의 글 "두 시대 사이"에서 전후 신학의 분위기를 이렇게 전하고 있다.

두 시대 사이에 서 있다는 것은 우리 세대의 운명이다. 우리는 결코 오늘날 종말을 고한 시대에 속하지 않는다. 그러면 오는 시대에 속하는가? 우리가 그 시간에 속하려고 한다면 그 시대는 곧 오는 것인가?……하나님에 대해 질문할 것이 많아졌다. 마침내! 시대는 서로 분리되어 이제 잠잠하다.……결단해야 할 때가 바로 이때다. 그때까지 우리는 아무것도 할 수 없다. 그때까지 우리는 두 시대 사이에 서 있다. 이것은 정말 고약한 인간의 처지이다. 그것이 인간의 파멸이기 때문에 과거의 모든 것도 미래의 모든 것도 그렇게 될 것이다. 그러나 이런 이유로 우리가 우리의 처지를 깊이 인식한다면 하나님에 대하여 물을 수 있다.

비록 베른에서 비롯된 그러한 논의가 재림 지연의 문제에 있어 다소 소극적으로 보이지만, 칼 바르트는 그 안에서 나름대로 하나님 앞에서의 인간의 상황에 대한 기독교적 이해를 찾을 수 있었다. 그의 『로마서주석』 제2판에는 이러한 이해의 종말론적 정형문의 고전적인 표현을 담고 있다.

"온전하지 않은 기독교는 예외 없이 종말론이 모든 것이 되고, 그리스도와 는 아무런 관계가 없다."

확실히 이것은 종말론으로 제기된 해석학적 문제를 풀지 못하지만 피 할 수도 없게 한다. 미래를 위한 빛을 제시하는 구분을 시도한 것도 바르 트였다.

우리가 너무 무뎌서 유성이나 빙하기, 영혼의 이동의 요구 없이 과거와 현 재에 우리를 둘러쌌던 '마지막 일들'에 대한 이전의 비유들을 감지하지 못 했다면, 우리와 거리는 있지만 친밀한 최종의 가능성으로서 '마지막 일들' 에 대한 비유는 매우 교훈적이고 유익하다. 그러나 그러한 최종적인 가능성 들은 그것이 얼마나 실제적이고 어떻게 가시화되는가에 관계없이 고린도전 서 15장의 관점과 신약 전반의 관점에서도 '마지막 일들'이 아니다. 우리가 그것들을 물질적-형이상학적, 우주적-초우주적인 변형이고 심지어 더한 혁 명으로 인지한다 해도, 이 모호한 마지막 때의 이야기가 전적으로 성서로부 터 가져온 자료들과 고린도전서 15장에서 기초해 구성한 것이라 해도 '마지 막 일들'은 아니다. 단지 비유일 뿐이다. 성서의 세계가 잠정적인 것에 속한 다는 사실은 실제 자체를 드러낸다기보다는 실제를 표시할 뿐이라는 사실 을 암시한다. 이 점은 의심의 여지가 없다. 이렇게 최종적인 것들은 중요성 과 관계없는 **마지막** 것은 아니다. 마지막 일들에 대하여 말하는 사람은 모든 것들의 종말을 이야기하고, 모든 것들의 존재 기초인 어떠한 것보다 우월한 실제의 종말을 고할 것이다. 그것은 바로 실제적으로는 시작인 종말을 말하 는 것이다. 오직 마지막의 역사를 말할 수 있는 사람이 역사의 **종말**을 말할 수 있고 시간의 끝에 대하여 말할 수 있다. 기본적으로 그러한 종말과 너무 절대적이어서 모든 사건을 초월하는 실제의 종말을 알고 역사의 마지막과 시간의 마지막을 말할 때, 우리는 모든 시간과 시간 속에서 일어나는 모든 사건을 근거지우는 것에 대하여 말하고 있는 것이다. 마지막의 역사는 그 성격상 **시작**의 역사와 동의어다. 우리가 말하는 시간의 한계는 모든 시간의 한계여야 하고 필연적으로 시간의 **기원**의 한계여야 한다.

루돌프 불트만은 바르트의 통찰을 주석적으로 더욱 명료화시켰다.

내가 생각하기에 고린도전서 15장에서 바울은 그가 실제로 말할 수도 없고 하기를 원하지 않았던 역사에 관한 이야기를 하고 있는 것 같다. 즉 고린도전서 15장에서 내용의 일관성을 파악하려면 철저한 비평이 있을 때 가능하다. 마치 바르트가 29절을 비평한 것처럼 말이다. 바울이 아무리 그러한 것을 '이데올로기'로 말하려 하지 않았다 하더라도, 다른 사람들처럼 바울은 그의 이데올로기가 가진 용어로 그것을 표현해야 했을 것이다. 단순히 이데올로기적인 요소를 '비유'라고 생각하거나 그것의 의미를 왜곡시켜 제거해 버리는 것은 용납되지 않는다. 바르트가 훗날의 종말론자들을 위해 내린 결론은 성경적인 자료로부터 실제적으로는 역사적이지 않은 마지막 일들의 역사를 구성했고 그 역사는 실제적인 종말 시점에서 본 것이 아니며 바울도 이런 식으로 그의 자료를 유대적 혹은 유대 영지주의적 묵시 문학으로부터 도출하였다는 사실이다.

변증법적 신학은 초기 교회의 묵시주의적인 성향을 견지하는 철저한 종말론에 주목한다. 이것은 동시에 초기 교회의 재림 지연 문제를 인식했음을 의미한다. 최근에서야 이 주제에 관한 기초적인 논문이 발표되고 있다. 철저한 종말론 학파로부터 외면당하기는 했지만 불트만 학파 역시 종말론과 관련한 슈바이처의 주석 작업의 탁월한 부분에 대한 연구를 계속 진행하였고 현재 학계의 주류에 동참하고 있다.

슈바이처의 발전되지 않은 통찰에 대한 연구 가운데 가장 큰 진보는 해석학적 차원에서 이루어지고 있다. 신화적 연구를 괴롭히던 문제는 한스 요나스(Hans Jonas)가 지적한 대로 대체 가능한 것, 특히 신화적인 언어를 절대적인 것으로 여기는 오류였다. 이제 그러한 오류는 모두 드러났다. 그 결과 신화적 언어는 신화학파가 맨 처음 의도했던 대로 해석학적으로 이해되기 시작했다. 슈바이처도 제2판 마지막 장에서 자세하지는 않지만 그런 과정을 소개했다. "실제로 그것은 잠정적인 것과 영구적인 것을 구분하는 문제가 아니라, 그런 관념의 기본적인 사상을 우리의 개념으로 담는 것의 문제이다." 탈종말론화는 종종 일시적인 제한과 함께 주요 문제들을 제거하고, 세련되지 못하지만 주요 문제를 담고 있는 표현들을 없애려 하는 방법론의 흔적으로 보였다. 비신화화를 통해 언어로부터 의미를 분리하는 그 실제 목적을 이룰 수 있었다. 실존론적 해석으로서 비신화화는 신화적인 형식으로서 표현된 존재를 이해하고 해석하고 우리에게 전달해 주려 했기 때문이다.

최근 몇 년 동안 신학 연구는 적어도 종말론에 있어 상당한 진보를 이루면서 새로운 문제에 봉착했다. 그것은 종말론이나 묵시주의는 우리가 추론한 것보다 더 실제적인 내용과 결부되어 있지 않은가 하는 문제이다. 에른스트 케제만이 '가장 초기의 신학'은 '존재라는 주제 아래서' 정확하게 이해할 수 있었다는 사실에 대하여 논쟁을 불러일으켰다. 그에게 묵시주의란 예수에게서 발견되는 것이 아니라 부활 이후의 교회에서 발견되는 것이다. "진정성의 문제는 물론 예수 메시지의 핵심을 가능한 정확하게 파악하려는 역사가들의 몫이다. 그러나 적어도 알베르트 슈바이처 이후에 신학자들에게는 묵시주의의 문제가 던져졌고 그 필요와 의미, 그리고 한계를 인식해야 했기 때문에, 그것은 신학자들의 관심 대상이기도 했다. 슈바이처와 그의 제자들은 나름대로 그들이 필요하다고 생각한 작업들을 진행했는데 처음은 그 전체를 역사적 예수 탐구의 문제와 결부하여 이해하려고 시도하였고, 그 다음에 재림 지연의 관점에서 초기 교리사를 설명하려고 했던 것이다. 그러나 두 번 모두 실패로 끝났다." 사실 케제만은 불트만의 실존주의적 해석을 뛰어넘는 묵시주의의 실제적인 내용이라고 주장하려 했던 것을 찾아내고, 묵시주의로부터 예수의 메지시를 한계 짓는 데 성공하지는 못했다. 그러나 동시에 현대 신학은 미래의 희망을 나타내는 신학의 원형으로서 묵시주의를 해석하는 에른스트 블로흐의 『희망의 원리 *The Prnciple of Hope*』와 비슷하게 그 시도를 하고 있다.

슈바이처의 역작이 주는 무게와 이 세기에서 그가 감당한 역할을 감안하면 역사적 예수의 문제에 대한 그의 신학적 해답이 너무 미약한 것이 다소 놀랍다. 이전에 가정한 예수의 동시대성을 순수하게 골동품 연구가와 같은 마음으로 대체한 그의 초판의 낙관주의적 역사 기술은 슈바이처 자신의 그리스도 신비주의와 잘 어울린다. 그는 '역사적 예수'와 '영원의 예수'를 정반의 관계로 배치하였다. 예수는 "우리 시대를 지나갔지만 그의 시대에 다시 올 것이다.……영적인 능력은 그로부터 흘러나와 우리 세계에도 역시 흐르기 때문에 예수는 우리에게 어떤 하나의 의미가 된다. 이 사실은 역사적 지식으로 흔들거나 확증할 수 있는 것이 아니다." 제2판에서의 예수의 역사성에 대한 논쟁에서 슈바이처는 "종교는 본성상 모든 역사와 분리되어 있다"고 결론 내렸다. 슈바이처가 '예수 신비주의'를 주장하며 '예수 정신'을 운운하고 『사도 바울의 신비주의 *The Mysticism of Paul the Apostle*』의 관점에서 바울의 문제에 접근하며 그의 '삶에 대한 경외'를 이해할 수 있는 것은 이와 같이 신학적 연구에 있어 역사적 접근의 포기에서 기인한다. 이렇게 신비적인 방법에 의해서 역사적 예수 탐구에 관해역설하면서 강조했던 역사적 연구의 최초 출발점을 포기하였다. 마치 그의 학자적 지위를 람바레네의 의사 역할과 바꾼 것처럼 말이다.

20세기 초에 슈바이처의 신비주의와 역사적 연구의 부정을 찬성하는 흐름이 있었다. 여기에는 더 넓은 컨텍스트로서 역사적 예수 탐구를 미루게 된 문화적 요인이 있다. 제1차 세계대전 후에 처한 상황은 우리가 단지 전쟁 이전의 상황을 기초로 생각할 수 있는 것이 아니었다. 신이상주의(neo-idealism)로 가는 첫 번째 단계는 실존주의로 무르익었다. 철저한 종말론 학파에서 포기한 방법론임에도 불구하고 양식비평학파가 처음으로 슈바이처의 신비주의가 가지는 의의를 연구한 것 같다. 비록 슈바이처의 것보다는 브레데의 연구의 관점에서 한 것이지만 말이다. 그러나 변증법적 신학은 존재의 역사성의 관점에서 바울을 신비적이라기보다는 종말론적으로 이해하였고, 철저한 종말론 학파가 부인하던 예수의 역사성에 의미를 부여하였다. 슈바이처가 생각했던 방식과는 확실히 달랐지만, 새로운 역사적 예수 탐구는 변증법적 신학으로부터 시작되었다. 공관복음의 시간적 순서를 강조하던 슈바이처의 주장은 양식비평에 의한 연구를 통해 철저하게 논박되었다. 이 새로운 연구의 컨텍스트는 낙관주의적 역사주의도 아니고 신비주의도 아니며, 실존주의적 해석이고 그 안에서 싹튼 신해석학이다.

그러나 자기의 원래 입장인 역사주의를 초월해서 역사적 예수 탐구를 비판하기 위해 사활을 걸었던 그의 주장은 다소 아이러니하지만 분명히 예리한 데가 있다. 제2판 마지막 결론 부분에서 슈바이처는 모든 이해에 수반되는 '생명력 있는 관계'를 지목하며 신비주의적이 아닌 방식으로 역사주의를 초월하고 새로운 해석학을 요청하고 있기 때문이다. 영어로 번역되지 않은 제2판을 접해보지 못한 사람들에게는 통상적으로 알려진 대로 슈바이처가 탐구의 결과를 예수의 자유로운 삶의 현대화에서 찾지 않고, 오히려 해석학적 차원에서 객관적 연구의 피상성을 언급한 데 적잖이 놀랄 것이다.

우리 시대 우리의 종교는 예수의 사상과 닮은 것을 찾기 어렵다. 그래서 우리는 예수의 사상을 후기 유대주의의 사상적 패턴으로부터 내 것으로 만들 수가 없다. 우리는 공명하지 않는다. 이렇게 역사적 예수는 필연적으로 많은 부분이 우리에게 낯설다. 그를 개념화하기 위한 가공하지 않은 자료에 있어서나 그 본질에 있어서도 말이다. 그의 윤리적 급진주의와 그의 생각의 힘과 방향성은 여전히 우리에게는 먼 것으로 남아 있다. 왜냐하면 우리는 그것과 유사한 어떠한 경험이나 생각도 하지 않기 때문이다.……여기서부터 역사적 예수에 대한 진정한 지식으로 여겨지는 희망과 소망, 자발성이라는 내적 유사성을 결여하게 되고 그와 진정한 종교적 관계를 만드는 것은 불가능성으로 남게 된다.

슈바이처는 낙관적이었다. "신호가 속이지만 않는다면 우리는 그러한 때에 이를 것이다." 초판이 발행 될 때에 가졌던 리셉션에서 그는 "철저한 종말론은 인내하며 오는 그때를 기다릴 수 있다.……조만간 그때가 올 것이다"라고 했다. 이 발언은 칼 바르트의 뇌리에 남아서 『로마서주석』 서문에서 이와 같이 기록한 것을 보게 된다. "내가 나를 속이지만 않는다면, 이 책은 지금 특별히 제한된 역할을 감당할 수 있다.……그러나 내가 성경적인 메시지를 찾고자 하는 행복한 기대를 가지고 나를 속여야 한다면 이 책은 일정 시간 기다려야 한다. 로마서 자체도 기다리고 있다." 그것이 첫 번째로 이루어진 바르트의 약속이었다. 슈바이처의 제6판 서문에서 그의 소망이 지속적으로 이루어지는 것을 보기 어렵다는 사실을 피력하였다. 그러나 논의에 참여한 사람으로서 현재의 연구 상태를 고려하며 슈바이처의 책을 읽은 사람이라면 누구나 슈바이처의 책과 슈바이처가 제기한 문제들에 기초한 후속 연구 간의 유사성과 한 시대의 진정한 학자에게서 발견되는 비전의 규모를 놓칠 수 없을 것이다.

제9장 하나님 사건으로서의 예수의 비유

　예수의 비유에 관하여 말할 때 우리는 흔히 예수의 메시지의 내용보다는 형식에 집중하곤 한다. 그러나 예술가들은 형식이 비전과 방향성과 궁극적인 관심을 전달하기 때문에, 예술 작품이 그 형식을 통해 메시지를 전달한다는 것을 안다. 그래서 한 문화의 역사의 심층은 계속되는 그 형식의 변화를 통해 추적할 수 있는 것이다.

　문학 작품은 그 형식 속에 역사를 간직하고 있다. 그래서 모든 문학의 실제
　역사는 형식의 역사라 해도 과언은 아니다(Franz Overbeck).

　예수의 비유는 비예술적인 전통이 그 비유를 알레고리 형식으로 잘못 취하는 것을 통해 보존된 것이었다. 이러한 초기의 잘못된 정보를 수정하면서 현대의 연구는 시인의 손보다는 학자의 손에서 이루어지고 있다. 그러나 신약학자 중에는 어니스트 캐드만 콜웰과 아모스 와일더(Amos N. Wilder)와 같은 시인도 있었다. 예수의 비유를 해석함에 있어 내용과 형식의 간극을 초월하여 연구를 주도했던 학자들이 바로 이들이었다.

그의 말은 거친 노송의 뿌리와 울퉁불퉁한 톱날을 가졌다.……[이러한 요소
는] 그의 메시지의 표면에 덮인 치장이 아니라 그 나무의 자연스런 열매이
다. 그 본성은 그의 말씀의 내용에서 비롯된 것이다(Ernest Cadman
Colwell).

이러한 수사법을 환기시키는 경우의 본질에는 무엇인가가 있다. 복음서의
본질에도 무엇인가 존재한다(Amos N. Wilder).

예술가에게는 자연스럽고 분명한 이러한 통찰을 신학자들의 수고스런
노력을 통해서도 얻게 되었다.

비유의 목적은 다름 아니라 하나님의 오심과 관련되어 있는 것들을 알려 주
기 위해 청중을 인간 존재의 실제와 직면하게 하는 것이다. 우리는 이것을
신학적인 언어의 본질로 이해할 수 있다(Gerhard Ebeling).

이 장의 목적은 비유의 이 같은 이해에 있어서 최근의 신학적 발전들을
살펴보기 위한 것이다.

A. 존재의 임시성의 표현으로서의 비유

현대 비유 연구는 비유와 알레고리의 구분을 시도했던 아돌프 윌리허
(Adolf Jülicher)의 『예수의 비유 *Die Gleichnisreden Jesu*』의 출판과 함께
1888년에 시작되었다. 어떤 종류의 비유인가에 상관없이 이 구분은 적용
되었다. 비유(parable)는 단지 추수와 같은 일상적인 장면을 하나님 나라

와 같은 다른 차원의 것과 결부시켰다. 그러한 대조를 '유사(similitude)'라 한다. 그러나 일상적인 장면은 독특한 이야기로 대체되기도 했다. 유사와 같이 그러한 이야기도 비교로 구성되어 포도원 일군을 하나님에 대한 우리의 관계로 비교한 이야기처럼 다른 차원의 두 실제 사이의 유사점을 도출한다. 이것이 좁은 의미의 '비유'의 이해이다. 또는 그 이야기가 같은 실제의 차원에서 도출된 예로 만들어진 경우도 있다. 진정한 기도와 신앙적 태도를 알려 주기 위한 바리새인과 세리의 비유가 그것이다. 이 경우는 옳은 행동의 모델로서 '설명(illustration)'이나 '실례(exemplary story)'가 중요하다. 어느 경우에 속하는가에 관계없이 모든 비유들은 각각 한 가지 목적을 향해 나아간다는 독특한 특징을 가진다.

그러나 알레고리는 하나의 실제의 차원에서 만들어진 이야기를 들려준다. 예를 들면 포도원 일군에게 아들을 잃은 주인의 이야기 같은 것이다. 실제로 알레고리는 차원에 대한 관심은 없다. 그래서 종종 긴박성은 떨어진다. 대신에 알레고리는 은유적인 언어에 감춰진 '보다 높은' 차원을 가진다. 그래서 이야기가 진행되면서 '보다 높은' 차원에서 목적을 달성해야 한다는 관심에 이야기 자체가 희생되기도 한다. 이렇게 알레고리는 독자로 하여금 여전히 가려 있는 '더 깊은' 의미를 찾는 여행에 초대하고, 비유는 청중으로 하여금 그 비유가 가진 목적에 더욱 진지하게 마음으로 다가갈 수 있도록 초청한다.

시간이 지나면서 예수의 비유는 그것을 이해할 수 있게 하는 예수의 삶의 컨텍스트에서 점점 멀어지기 시작했다. 그리고 알레고리적 해석이 대세였던 시대에는 성서에 들어오면서 장르의 혼합이 불가피해졌다. 심지어 마가복음이 형성되기 이전에 씨 뿌리는 자의 비유(막 4:3-8)는 이런 운명에 처했고, 그 결과 알레고리적인 해석(막 4:14-20)이 추가되었다. 다른 비유들은 알레고리로 변형된 것도 있다. 만찬의 비유(「도마복음」 54절)는 마지막 만찬(눅 14:16-24)과 혼인 잔치(마 22:2-10)의 알레고리가 되었다. 공관복음의 예들(막 12:1-11)가운데 사악한 농부의 경우는 알레고리처럼 보여서 비유적인 토대를 재건할 가망이 없어 보이고, 「도마복음」에서 비유의 형식으로 발견되기 전까지는 이 비유가 예수에게 소급될 수 있는 것인지 조차도 의심받았다. 이처럼 초기 교회의 알레고리화하려는 특징과 구별되는 형식상의 독특성 때문에, 오늘날 학자들은 비유를 진정한 예수의 가르침을 구성하는 요소로 인정하고 있다.

윌리허의 기본적 결론은 몇 가지 불분명한 부분에 대한 개정을 한 정도가 이후 학계 연구에서의 진보일 정도로 탁월한 데가 있었다. 그에게 비유가 지향하는 바는 보편적일수록 좋다는 합리적인 원리에 근거하며 주로 윤리적 성격을 지닌다(빅토리아 시대에는 예수가 도덕주의자로 비쳐졌다). 1892년에는 요하네스 바이스가, 1901년에는 알베르트 슈바이처가 소개한 예수의 종말론적 해석이 넓은 지지를 얻었을 때, 비유가 지향하는 초점은 재해석을 통해 도덕주의에서 종말론으로 옮겨졌다. C. H. 다드는 루돌프 오토(Rudolf Otto)의 『하나님 나라와 인자 *The Kingdom of God and the Son of Man*』에 근거해서, 예수 메시지의 종말론적 본성에 대하여 자신의 전체적인 신학적 입장을 특징짓는 개념인 '실현된 종말론(realized eschatology)'이라는 용어를 만들어내기도 했다. 형용사 '실현된'은 '종말론'이라는 용어가 만들어내는 오해들을 종식시키기 위한 장치이다. 예수의 입장에서 이스라엘의 미래에 대한 소망은 공적 사역에서 "실현된 것이다." 따라서 예수를 회상하는 교회는 그로부터 힘을 얻으며, 예수가 체제(Establishment)를 바르게 설립하는 근거가 된다. 다드는 최후의 가장 학문적인 체제주의(*Antidisestablishmentarianism*)의 수호자였다. 여기서 하나님 나라는 가까이 있지 않다. 예수의 종말론적 비유들, 다드의 표현대로 하나님 나라의 비유들은 이미 실현되었기 때문에 탈종말론화된 종말론에 따라 해석되었다.

두말할 나위 없이 예수의 하나님 나라 이해에 대한 미래적인 종말론적 해석은 비록 학자들이 예수의 관점에서 하나님 나라는 '나타나기 시작했고' '개입하고 있으며' 어떤 측면에서는 그의 말과 행동에서 이미 시작되었다고 결론짓고, 묵시주의적 간격을 넘어 궁극적인 하나님 나라의 실제는 미래적이라고 주장하였지만 한번에 극복되지는 못했다. 에른스트 하인첸은 중재적인 입장으로 독일어 표현인 '실현되고 있는 종말론(sich realisierende Eshatologie)'을 제안하였다. 요아킴 예레미아스는 이 표현을 환영하였고 다드는 받아들이지 않았다. 독일어로는 제6판(1947-1962년)을, 영역본은 3판(1954-1963년)을 낸 예레미아스의 『예수의 비유 The Parable of Jesus』는 예수의 비유에 나타난 종말론에 관하여 이런 중재적인 입장에 서 있다.

이 대안은 오직 현대 언어에서 성서 언어가 의미하는 것에 가장 가까운 표현을 찾고 있던 성서학자들을 만족시켰다. 그들은 이 현대 언어가 이해 가능한 것인지는 더 이상 묻지 않았다. 이 경우에 현대 신학자의 고민들을 들여다보면 당황스러운 침묵을 만나게 된다. 얼마나 가까운가? 이미 여기에서 이루어졌다면 미래는 무엇인가? 어느 부분이 여기이고 어느 부분이 가까이 온 것인가? 정해진 시간이 왔다는 것을 어떻게 확신하는가?

불트만 학파는 이 시점에서 "예수는 시간을 무시한다"는 입장을 소개했다. 불트만은 콘첼만의 강연에 동조하며 이를 요약하기 위해 이 구절을 만들었다. 콘첼만은 이렇게 답한다.

케제만의 반대에도 불구하고, 무시의 개념은 의도적인 것으로 그 순간에 하나님 나라를 선언하는 표시이고 하나의 긍정적인 가치로 이해된다면 이 정형문을 수용할 수 있다.

이것은 예수의 가르침에 나타난 종말론이 미래적인 것이 아니라고 하는 다드의 입장으로 회귀하는 것이 아니라, 예수의 비유가 가지는 임시적인 측면을 시간적인 틀 안에서 부각시키기보다는 오늘날의 언어로 이해 가능한 인간 존재의 임시성의 차원에서 실존주의적으로 해석하려는 노력이다.

메시지는······그것이 제시되는 순간인 '지금' 결정을 요구한다. 하나님의 통치에 대한 언급은 이 비유들을 만든 사람이 예수이기 때문에 예수의 설교와 긴밀히 연결된다. 이 연결은 이야기되는 것의 실체에 속한다. 이것은 오는 것에 대한 이해와 예수의 인격에 대한 이해가 실질적인 조화를 이룰 때 바르게 해석된다(Conzelmann).

불트만은 예수에게 메시아 자의식이 있었다는 주장에 반대하며 예수 사역에서의 기독론을 임박하고 이미 시작된 하나님 나라의 '표시'로서 예수의 역할에 함축된 것에만 제한한다. 그러나 콘첼만은 불트만의 주장에서 긍정적인 부분을 수용하여 불트만의 개념인 예수의 '인격'은 '함축적' 혹은 '간접적' 기독론의 근거의 궁극적인 표시라는 입장을 전개한다.
이미 에른스트 푹스가 비유의 기독론적 해석을 제안한 바 있다.

우리는 예수의 비유가 본질적으로 하나님과 우리의 관계에 적용된다고 하는 고집을 깨뜨려야 한다. 비유는 근본적으로 예수와 우리의 관계에 적용되는 것이다.

예레미아스는 이 주장을 열렬히 환영하였다.

나는 전적으로 푹스가 예수의 비유에서 숨겨져 있는 그에 대한 기독론적 증언을 보았다는 주장에 동감한다.

그러나 푹스의 방법론은 불트만의 반대에 부딪쳤다.

결단의 요청은 "단순히 예수 자신이 했던 결정의 반복이 아니다." 혹시 맞을
수도 있다. 그러나 왜 이러한 통찰은 오직 전기적인 관심에서 비롯되어 나
타나는가? 이것은 탕자의 비유(눅 15:11-32)에서 예수가 죄인에게 허락되는
하나님 은혜를 가르치려 한 것이 아니라 자신의 행동을 변호하고 있는 것이
라고 보는 것처럼 엉뚱한 결론으로 이끈다. 이것이 정확하다는 전제 하에,
그것은 영적인 모티브만을 발견할 뿐 비유의 의도와 바탕에 깔린 존재의 이
해에 대해서는 침묵할 수밖에 없다.

확실히 푹스의 통찰은 역사적 예수와 관계가 있었다. 불트만은 예수 말
씀의 확고함 속에 기독론이 들어 있고 예수의 말씀이 인격을 구성한다고
지적한 바 있다. 그래서 역사적 예수와 비유의 관계는 불트만이 비판하지
만 푹스의 주장대로 전기적이고 심리적인 컨텍스트에서 제거할 필요는 없
는 것이다. 탕자의 비유와 같은 것들은 '죄인에게 열린 하나님의 은혜'와
같은 일반적인 원리를 가르치기 위한 것이 아니라, 오히려 예수가 말씀하
는 상황, 하나님의 은혜를 신뢰하며 위험을 감수하는 그의 사역을 말하기
위한 것이다. 물론 우리는 누가복음 15장 1-2절이 보여 주는 이차적인 컨
텍스트를 가지고, 이 비유가 본래 예수의 행적을 변호하기 위한 것이라는
사실을 부인할 수도 있다. 그러나 이 비유의 의도가 하나님의 은혜에 입각
해서 청중의 존재를 해석하려고 하는 것이라면, 배후에 있는 존재의 이해
는 하나님의 은혜를 신뢰하며 위험을 감수하는 것도 진정한 삶일 뿐 아니
라, 예수와의 만남을 통해, 구체적으로 말하면 비유와의 만남을 통해서 자

신의 존재를 그러한 위험에 내어놓는다는 것을 의미한다. 비유는 청중으로 하여금 하나님의 은혜에 들어가도록 하는 언어 사건이지, 추상적인 존재 이해를 보여 주는 기호화된 설명이 아니다.

그러한 언어 이해는 바르트의 말씀의 신학에도, 불트만의 케리그마 신학에도 담겨 있다. 그러나 언어에 대한 그러한 접근은 역사비평적 방법이 최초의 탐구의 컨텍스트였던 것처럼 새로운 탐구에 있어 신학적 컨텍스트가 되는 신해석학으로 귀결되었다.

B. 언어를 통한 하나님의 강림으로서의 비유

푹스의 『해석학 Hermeneutik』이 1954년에 출판되면서 공식적으로 회자되기 시작한 신해석학은 그 초점을 초기 하이데거에 입각한 불트만주의자의 해석으로 비롯된 "존재의 이해"에서 후기 하이데거의 관심이었던 언어에 대한 이해로 전환하였다. 이 언어의 이해는 자신의 주관성(슐라이에르마허, 딜타이)이나 존재의 이해(불트만)를 말로 옮긴다는 차원에서 '표현(ex-pression)'에 제한했던 초기의 이해를 수정하였다. 후자의 경우 언어는 존재의 범주에 머무를 때만 적합한 것이다. 그러나 실존론적 의미를 객관화하려는 경향이 있었기 때문에 신화적인 세계관을 가진 문화 속의 종교의 신화화의 예를 제시하며 해석자의 비신화화('실존론적 해석')를 요청하였다. 그러나 이제 원초적 언어는 존재나 세계에 의해 환기되는 것으로 이해되었다. 그러한 언어는 후기 하이데거의 관점에서 존재나 세계의 가장 구체적인 현현이기도 했다. 그래서 비유는 더 이상 예수의 실존론적 의미를 표현하는 수단이 아니라 세계 혹은 존재의 언어 속으로 들어가게 하는 수단인 것이다. 예수의 경우는 하나님 나라가 그것이다.

존재의 소리로서 언어에 대한 새로운 이해는 윌리허의 비유 분석을 수정하고 많은 종말론적 해석이 당면한 시간적 딜레마를 극복할 수 있게 해 준 해석학적 컨텍스트가 되었다.

윌리허에게 있어서 예수 메시지의 형식은 메시지와는 아무런 관계가 없었다.

형식이 아니라 내용에 하나님의 아들의 활동 영역이 존재한다.

형식은 내용으로부터 도출할 필요가 없다. 그것은 윌리허가 몇 가지 적극적인 특성을 가지고 소극적인 비유의 정의—알레고리가 아니라는 점에서—를 보완하기 위해 예수가 아니라 아리스토텔레스에게 의존했다는 사실과 맥을 함께한다. '비유'는 귀납적인 추론과 같이, 일반적인 종류의 증명들 가운데 하나로부터 가져온 한 형태의 증명일 뿐이다. 비교가 두 개념의 유사성에 주목하고 보다 분명한 것에 대한 "유비"에 기초해서 훨씬 모호한 것에 관한 이성적인 판단을 하게 한다면, 비유는 하나의 개념 다발을 다른 것에 견주는 것이며, 더 분명하게 말하면 하나의 개념 다발에 포함된 판단을 다른 것에 관하여 추론한 판단에 견주는 것이다. 한 다발의 개념들에서 분명해 보이는 내부의 관계 혹은 구성은 다른 다발 속에서 희미하게 감지되는 관계의 유비를 통해서 더욱 명확해진다. A와 B와의 관계는 C와 D의 관계와 닮아 있어서 C와 D의 관계를 더욱 명확하게 한다. 우리는 전통적인 관계의 유비(*analogia relationis*)와 비율성의 유비(*analogia proportionalitatis*)를 검토해야 한다. 두 개의 개념 다발의 비율은 그들이 하나의 판단을 공유하고 비교의 일치점(*tertium comparationis*)과 한 가지 비유의 목적을 가진다는 것을 의미한다. 따라서 비유는 실제의 전혀 다른 차원에 있는 대등한 점을 논의하기 위해 하나의 그림 언어를 사용한 이성적 논의의 한 형태이다. 이것은 비유가 반은 '그림'(비유의 언어)이고 반은 '실제적인 것'('영적' 혹은 '고' 차원적인 하나님 나라)을 드러낸다는 의미이다. 어떤 비유의 해석을 위한 해석학적 방법론이란 단지 이 구조를 세우고 그림의 한 점을 고차원적인 문제에 적용시키는 것이다. 물론 그 점은 보면서 그림을 무시한 채 그 점에 대해서만 논의할 수도 있다. 결국 비유적인 형식이란 부적절한 것이다.

하나의 이성적인 논법으로서 비유를 이해하는 것은 한 세대 훨씬 이전의 에른스트 캐시러(Ernst Cassirer)가 『상징적 형식의 철학 *Philosophy of Symbolic Forms*』에서 소개한 상징 언어에 대한 초점에서도 다루어졌다. 이 둘은 너무 합리적으로 보인다. 신해석학에 있어서 언어의 이해에서도 마찬가지이다. 영미 전통에서 언어를 '수행적(performatory)'으로 이해하는 것과 같이 신해석학은 언어가 의미 있는 사건이라고 주장함으로써 행위와 말의 간격을 넘으려고 애썼다. 이러한 언어의 이해는 소통되는 개념적 정보에 집중하지 않고 어떤 용어의 신성한 의미 속에 있는 '소통' 즉 친교나 참여에 집중한다. 그의 관심은 언어가 발생할 때 무슨 일이 생기는가와 그 언어가 불러일으키는 사건에 있다.

하나의 지향점을 공유하는 두 개의 '반쪽'이 모여 비유가 이루어진다는 이해는 차치하고, 비유는 청중을 준비시켜 이야기의 흐름 속에 뛰어들게 하며 다시금 비유가 발생한 상황을 환기시켜 청중 자신의 삶의 자리로 들어가게 하는 것이다. 비유는 바로 사건이며 상황의 진실을 드러내고, 있는 그대로의 상황을 보여 주기 때문에, 청중은 반드시 자신의 상황을 염두에 두고 이야기 속으로 들어가야 한다. 이렇게 이야기는 청중으로 하여금 탕자는 죄인처럼 비도덕적이고 세리처럼 비애국자이며 그의 형은 바리새인처럼 존귀하다고 하는 사실을 확신시킨다. 이런 호의를 유도하는 말(*captatio benebolentiae*)은 비유를 활동적인 언어 사건으로 보게 하며 청중이 자신의 상황으로 돌아갔을 때 그 상황을 비유가 해석한 대로 보게 하고 비유가 드러낸 진정한 존재의 관점에서 상황을 재평가하게 한다. 어떤 진리를 청중의 자기 상황 이해에 더해 주는 것은 청중이 화자가 포착한 상황의 실제를 결론 내리게 할 것이고, 비유가 거명한 그 진정한 존재에 대하여 진지하게 고민하게 할 것이다.

신해석학에서 이러한 언어 이해의 발전은 현대 신학 용어의 변천에도 영향을 미쳤다. '구속사'(호프만과 쿨만)는 '구원 사건'(불트만)으로, '언어 사건'(푹스)은 '말씀 사건'(에벨링)으로 대체된 것이 그것이다. 기독교 메시지는 특별히 사실성과 유의미성의 결합과 관계가 있는데, 불트만의 표현대로 역사적 사건은 동시에 종말론적 사건이기 때문이다. 종말론적 의미는 과연 비유의 언어와 예수에게 실제적으로 발생한 사건으로부터 오는 것인데, 미래적 종말론이냐 실현된 종말론이냐 아니면 실현되고 있는 종말론이냐와 같은 시간적 공방을 하는 동안에 잃어버렸다. 하나님의 통치를 실현하는 언어의 실제적인 역할이 간과된 것이다. 비유 연구에 있어 신해석학의 공헌은 바로 끝나지 않은 이런 논의의 정황 가운데서 파악된다.

불트만은 미래를 가능성으로 이해하면서 새로운 진보를 위한 발판을 마련한다. 과거를 회상하는 것은 지속적인 과정이며 변화시키지는 못하지만 여전히 활동적이어서 어떤 의미에서는 과거도 미래를 가진다고 말할 수 있지만, 시간은 되돌릴 수 없다는 관점에서 과거는 변함없이 고정적이다. 한편 미래는 고정된 것이 아니라 열려 있다. 물론 아직 실체가 없다는 점에서 확정적인 것은 아니다. 그러나 미래는 불확실한 가능성으로 가득 차 있다. 미래는 이런 가능성을 현재에 도입하고 현재는 이 가능성을 실현하거나 포기하는 것이다. 심지어 과거도 존재를 이해할 수 있는 가능성과 이로 인해 결정적으로 실현될 수 있는 미래를 제공하기 때문에 현재를 파고드는 미래성을 가진다. 이러한 정황 속에서 불트만이 그리스도인을 탈역사화된 종말론적 존재로 인정하면서도 예수와의 만남이라는 미래를 사는 존재로 인정할 수 있었던 것이다. 예수는 역사적으로 과거에 속하는 인물이지만 또한 현재의 결단 속에서 실현될 수 있는 가능성으로서 미래를 여는 종말론적 존재이다.

미래에 대한 불트만의 해석을 존재 이해의 가능성의 차원으로, 실제에 진리를 부여하는 가능성으로서 언어까지 확장시킨 학자가 바로 에른스트 푹스였다.

언어는 실제를 진리에 가까워지도록 돕는다. 믿음의 관점에서 언어학적으로 실제적인 것을 진리에 가깝도록 돕고, 그것을 가장 본질에 맞도록 표현할 수 있는 것은 가능성의 세계이다.

실제는 의미가 없거나 단순한 사실들의 모음이 아니다. 오히려 실제는 그것이 실제로 경험된 문화적 지형과 함께 주어진 가능성의 의미망 속에서 파악된다. 실제는 그것이 변화로 경험된 언어 세계라는 새로운 의미를 얻을 수 있다. 이렇게 불트만이 존재를 구성하는 한 개인의 결단으로 현재에 실현된 가능성의 차원을 미래로 이해한 것처럼 푹스는 이 가능성들을 다양한 언어 세계로 이해하였고 상대주의적 관점에서 그 세계는 똑같이 타당한 것일 수는 없었다. 확실히 어떤 가능성이 실제의 진리인가를 판단하는 기준은 더 이상 실존주의에 근거해서 진정성을 논의했던 인간 존재의 차원에서 세워질 수는 없다. 평가는 이제 언어 자체가 해석학적이어서 이해와 동의에 이르게 하고, 언어 자체가 조화와 상호 참여이며 본성상 사랑의 언어라는 사실에 근거해서 이루어져야 한다. 따라서 진정한 언어는 타당한 실재의 존재이다. 말하자면 진정한 언어는 실재가 본성에 충실한 모습 자체인 것이다. 결국 실재는 사랑의 언어를 통해서 진리에 도달한다.

물론 언어는 역사적이어서 인간의 한계와 존재의 모호성을 공유한다. 그래서 실재는 늘 여러 차원에서 왜곡되고 비인격화된다. 이것은 현재 기술적인 발전으로 비연격화되는 인간을 보면 분명하다. 그러나 좀더 유익한 일도 언어에서 발생하는데, 그것은 다른 세계에 의해 촉발되어서 실재에 새로운 존재를 부여하며 사랑이라는 언어의 본성을 들려준다. 이 언어 사건이 구원 사건이며 하나님의 말씀인 것이다. 그것은 하나님의 행동이며 일하시는 하나님이다.

이렇게 푹스는 현재에 개입하는 가능성으로 미래를 이해한 불트만의 입장을 수정하여 실재의 진정한 가능성인 사랑의 언어로 그 가능성을 언어에 적용하였다. 불트만은 이미 가까이 오는 하나님 나라를 비시간적으로 해석하였다. 끝이 오기 전에 징조가 있느냐 없느냐에 대하여 충돌하는 예수의 말씀은 지금 모든 청중이 피할 수 없이 예수의 말씀과 대면함으로써 하나님과 만나게 됨을 인식할 때 비로소 이해된다. 실재를 실현시키는 가능성을 제시하는 것으로 언어를 이해하는 것은 단순한 실재도 아니고 묵시주의적 실재도 아니며 하나님의 '창조'요 하나님과 직접적인 관계가 있는 실재의 구조인 하나님의 통치의 자리인 예수의 언어 안에서도 발견된다. 하나님의 통치는 체제가 아니라 개혁의 근거로서 진리이다. 하나님의 통치는 신화적 실재도 아니고 참된 실재의 진리이다. 이를 추상적으로 표현한다면 하나님의 통치는 모든 것의 진정한 존재이며 모든 존재의 진정한 '세계'이다. 실재에 그러한 성격을 부여한 것이 예수의 언어이다. 예수의 언어에서 하나님의 통치가 초대이며 동시에 도전이고, 은혜와 심판으로서 피할 수 없는 성격을 가진 실재로 표현된 것이다. 실재를 하나님과 동일시하는 체제주의와 하나님을 실재와 분리하는 신비적 광신주의 사이—하나님 나라의 도래에 관하여 시간적 문제에 대한 논의는 진퇴양난의 상황에 처했다—에 실재의 진정한 가능성인 하나님의 통치가 예수의 언어 사건에서 실현된 것이다.

언어는 하이데거가 사물과 그것이 갖는 방향성, 사물과 그 존재 사이의 분리가 아닌 존재론적 차이 혹은 구분이라고 추상적으로 명명했던 것을 확인시켰다. 그는 다양한 존재들이 제거되어 왔고 그 결과 사람들은 무엇을 잃었는지도 모르게 되었으며 그 잃은 것이 바로 존재이고 이를 망각하였다는 이유로 서구 사회를 비판했다. 가능한 것과 실제적인 것, 미래와 현재는 같은 구조적 문제를 안고 있다. 하나의 가능성이 실현되고 실재가 되어도 가능한 것은 단순히 실제적인 것과 동일시될 수 없다. 실현된 실재는 반드시 그 가능성의 실현이 아니라 그 원래의 가능성을 모호하게 하는 언어에 의해서 전혀 다른 차원으로 던져질 수 있다. 그의 실현과 완전히 동일시된 가능성은 자유롭게 벌어질 수 있는 우연과 가능성의 본질적 특징을 상실한다. 이와 비슷하게 미래는 스스로를 결단에 내어놓으며 현재를 과거로 고정시키고 미래성의 구조를 잃게 하기 위하여 부단히 노력한다. 이것이 순수하게 형식 차원에서 국교회가 종말론적 존재가 아니고 우상 숭배가 종교적 인간(homo religiosus)에게는 선천적인 기질인 이유가 된다.

비유는 예배와 우상 숭배를 구분하는 '존재론적' 차이를 표시하고 예수의 가르침에 관하여 새로운 언어 이해를 위한 모델로서 적합하다. 비교에 근거한 비유는 단순히 그것이 들려주고자 하는 실재의 진리와 합쳐질 수 있는 언어를 말하지 않는다. 따라서 언어가 제안하는 가능성은 그 실재와 쉽게 동일시될 수 없고 오히려 실재에 의해 모호해진다. 진정한 비교는 유비적인 언어가 실재와 진리가 분리되는 것을 막으면서 동시에 모종의 구분을 하고 있다. 하나님의 통치는 어부의 그물과 같다. 그러나 하나님 나라는 보이는 교회와 동일시되는 것은 아니다.

비유적인 언어가 신화적인 언어보다 나은 것은 알레고리보다 비유가 나은 것에 비견된다고 할 수 있다. 알레고리처럼 신화는 비교하기보다는 동일시하기 때문에, 우리 시대와 같은 탈신화 시대에서 상징을 상대화하기보다 절대화하고 아니면 더 이상 신화의 의미를 객관화하는 수단으로 기능하지 못하기 때문에 신화를 거부한다. 비유는 신화보다 더 큰 장점이 있다. 우주적인 객관화로 개인적인 의미를 표현함으로써 신화처럼 다른 종으로의 전이(*metabasis eis allo genos*)를 수행하는 대신 신화는 개인적인 차원에 머무른다. 비록 비유가 자연을 영역에 포함시키지만 그것은 수확과 논밭, 고기잡이처럼 인간의 역사와 관련 있는 자연이다. 그러나 신화의 비과학적 사상은 인간의 역사를 매우 다르게 해석하고, 심지어는 우주적 범주로 의미화한다. 신화나 비유 모두 해독되어야 한다. 그러나 신화는 비유가 보여 주는 구체성을 추구하려면 이에 더하여 변형되어야 한다. 예수의 비유에 관해서 형식과 내용의 조화가 이야기들의 성육 차원과 이야기들이 의도하는 구체적인 개입 사이의 유비에서만큼 분명하고 중요한 곳은 없다. 신화는 영지주의처럼 메시지가 구체적인 개입과 거리가 먼 생각들과 관련 있을 때만 융성하기 때문에, 신화에 관하여 형식과 내용의 조화가 있다는 것은 의심의 여지가 없다. 두 언어의 형식이 모두 선개념적이고 그림 같고 원초적이며 시적이다. 그러나 둘 가운데 예수가 말해야만 했던 것의 투지와 박력, 곧 귀에 거슬림을 지니고 있었던 비유이다.

바위에 몸을 섞어라!
돌아가라. 바위로.
거기에서 네가 나왔나니
너의 티끌을 다시 찾아라.
거칠고 투박한 화강암이여!
바위에 견고히 서라!
(어니스트 캐드만 콜웰)

역사적 예수에 대한 새로운 탐구

초판 인쇄 l 2008년 4월 30일
초판 발행 l 2008년 5월 13일

지은이 l 제임스 M. 로빈슨
옮긴이 l 소기천
펴낸이 l 심만수
펴낸곳 l (주)살림출판사
출판등록 l 1989년 11월 1일 제9-210호

주소 l 413-756 경기도 파주시 교하읍 문발리 파주출판도시 522-2
전화 l 031)955-1350   기획·편집 l 031)955-1395
팩스 l 031)955-1355
이메일 l salleem@chol.com
홈페이지 l http://www.sallimbooks.com

ISBN 978-89-522-0893-4 03230

책임편집·교정 : 정모세

값 11,000원